경제점어 지수를 통해 살펴본

기업의 사회적 성과와
경제적 성과간의 관계

경제정의 지수를 통해 살펴본

기업의 사회적 성과와
경제적 성과간의 관계

김헌 · 임효창 · 홍길표 · 박상안

한국학술정보(주)

contents

제1장

서 론

이윤의 극대화를 목적으로 하는 기업은 이를 위해 재화를 생산하여 소비자에게 판매함으로써 국민경제에 있어 생산을 담당하는 경제 주체로서의 역할을 성실히 수행하게 된다. 이러한 기업의 역할 수행에 의해 국가의 부가 증대되는 등 기업이 국민경제에 이바지하는 바가 매우 크므로 기업이 속한 사회와 국가의 부 증대에 있어서 기업의 중요성은 아무리 강조해도 지나치지 않는다. 물론 시간이 지나 사회가 변화함에 따라 국가나 사회에서 차지하는 기업의 역할도 변화되고는 있지만 여전히 기업이 사회와 국가의 발전에 기여하는 정도는 크다고 할 수 있을 것이다.

한편, 기업을 둘러싼 대외적인 환경의 변화에 따라 사회나 국가가 기업에게 요구하는 수준 또한 함께 변화하고 있다. 과거 자유방임시대에서는 가급적 기업에 대한 통제는 불필요한 것으로 인식하고 기업 스스로 양질의 재화를 많이 생산하는 것이 사회와 국가의 발전에 기여한다고 생각하였다. 그러나 최근에는 양질의 재화 생산뿐만 아니라 환경보호, 윤리적이고 합법적인 경영활동 수행 등을 기업에게 요구하고 있으며 기업이 축적한 부를 사회에 다시 환원하기를 사회나 국가가 원하는 등 점차 기업에게 요구하는 수준이 높아지고 있다. 사회나 국가가 기업에게 요구하는 수준이 이처럼 높아진 이유로는 위에서 설명하였듯이 기업이 사회나 국가에서 차지하는 역할이 더욱 중요해졌기 때문이다. 즉, 이제 사회나 국가는 기업에게 경제적 기능 이외에도 사회구성원으로서의 역할도 요구하고 있는 것이다. 이외의 또 다른 이유 중의 하나는 그동안 기업의 비윤리적이고 불법적인 경영활동에 의한 여러 가지 부작용(예를 들면 사회의 양극화 심화)으로 인한 기업의 이미지 악화 때문이라 할 수 있을 것이다.

이에 따라 많은 학자들은 기업들의 이러한 행태가 기업의 본원적인 목적인 이윤 극대화에 어떠한 영향을 미치는 지에 대한 연구를 진행해 왔으며, 이 중 대표적인 연구 영역에 해당하는 것이 사회적 책임과 경제적 성과간의 관계와 관련된 주제일 것이다.

이와 관련된 여러 기존문헌들의 결과들을 살펴보면 높은 사회적 성과가 기업의 가치를 상승시킨다고 주장하는 문헌들이 대다수를 차지하고 있다. 즉, 높은 사회적 성과를 보이는 기업들은 대부분 높은 이윤을 창출하고 있으며 반면에 높은 사회적 성과를 보이면서도 낮은 이윤을 얻는 기업은 거의 존재하지 않는다는 것이다.[1] 이는 높은 이윤을 창출하여 어느 정도 자금 동원에 있어서 여력이 있는 기업들이 주로 사회적 공헌활동에 적극적이라고 해석할 수도 있으나, 한편으로는 적극적인 사회봉사활동을 수행하는 기업에 대한 소비자들의 이미지가 제고되어 이것이 곧 구매로 이어져 기업의 경제적인 성과가 높아지고 그 만큼 주가가 상승할 것이라고 해석할 수도 있을 것이다.

물론 기업의 높은 사회적 성과가 기업의 경제적 성과에 부(-)의 영향을 미친다는 주장을 발표한 논문이 몇몇 있기는 하지만 위에서 언급한 바와 같이 기업의 사회적 성과가 기업의 경제적 성과에 정

---

1) Pastin, M.(1998), "The CEO's Role in Managing a Corporate Compliance Program," Bethesda: MD Business Media Associates.

(+)의 영향을 미친다는 논리를 뒷받침하는 여러 실증분석들이 많이 발표되어왔다. 하지만, 이러한 기존문헌들에서의 실증분석의 특성을 살펴보면 다음과 같다.

우선, 실증분석한 시기가 특정 연도를 기준으로 하였거나 또는 단기였었다는 것이다. 둘째로, 기존문헌들의 주제가 기업의 사회적 성과에 초점을 둔 것이 아닌 마케팅과 같은 다른 주제들이었고 따라서 이들 연구들에서의 실증분석들은 해당 주제에 초점을 둔 실증분석이라는 것이다. 마지막으로 기업의 사회적 성과를 측정하는 항목이 일부 항목으로 제한적이었다는 것이다.

따라서 본 연구는 1991년부터 2006년까지 모두 16회에 걸쳐 국내의 주식시장에 상장된 기업들을 대상으로 사회적 성과를 종합적으로 평가한 경제정의지수를 사용하여 사회적 성과와 해당 기업의 경제적 성과와의 관계에 대한 실증분석을 실시하고자 한다. 또한 이에 앞서 연구의 주제인 기업의 사회적 책임활동과 실증분석의 자료가 되는 경제정의지수에 대한 설명을 통해서 기업의 사회적 책임에 대한 이해와 경제정의지수에 대한 평가를 논하고자 한다. 그리고 높은 사회적 성과가 기업의 가치를 상승시킨다는 것을 기본 명제로 하여 국내의 사회적 성과의 종합적인 평가모형인 경제정의지수의 결과들과 주가간의 관계를 실증분석하여 경제정의지수에 대한 특성과 문제점을 파악하고 이를 토대로 본 평가모형의 개선방향에 대해 논하고 국내 기업들의 사회적 책임활동의 현황과 문제점에 대해 살펴보고자 한다.

제2장

기업의 사회적 책임활동

1980년대 후반부터 전 세계적으로 불어 닥친 규제완화와 시장경쟁의 심화로 인해 기업이 지배하는 생활의 범위가 이전에 비해 크게 확장되었다. 이에 따라 투자자와 소비자 그리고 시민단체와 같은 기업과 관련된 이익집단들은 기업이 이윤창출이라는 본원적인 목표 외에 환경·노동 등 사회 전 영역에 대해서도 경제력에 상응하는 책임을 실행하기를 기대하게 되었다. 즉 기업경영의 글로벌화로 인해 기업활동이 사회에 미치는 영향력이 증대됨에 따라 새로운 사회적 요구가 발생하게 된 것이다.

기업의 사회적 책임이란 기업활동을 통해 이해관계자를 만족시키고 경제·사회·환경문제를 기업이 속한 공동체와 사회에 긍정적 영향을 미치기 위한 책임 있는 활동으로 정의내릴 수 있다.[2]

따라서 기업의 사회적 책임에 대한 본격적인 논의에 앞서 기업의 사회적 책임의 정의와 특징 및 중요성에 대한 이해가 우선적으로 필요하다. 다음에서는 이를 바탕으로 기업의 사회적 책임에 대한 국내에서의 역사적 변천 및 실천현황을 살펴보고자 한다.

---

2) 김현수(2006), "기업의 사회적 책임(CSR) 논의 동향", 삼성경제연구소, p.7.

제1절 기업의 사회적 책임의 정의와 특징

1. 기업의 사회적 책임의 정의

기업의 사회적 책임에 대한 다양한 견해가 존재하지만 이에 대한 통일된 정의는 없는 실정이다. 일반적으로 기업의 사회적 책임은 '기업활동을 통해 이해관계자를 만족시키고 경제·사회·환경문제를 기업이 속한 공동체와 사회에 긍정적 영향을 미치기 위한 책임 있는 활동'으로 정의된다.

이러한 기업의 사회적 책임에 대한 정의는 위에서 언급하였듯이 주요 국제기관들과 기존의 학자들에 따라 제각각 정의되었다. 다음에서는 주요 국제기관들과 일부 학자들에 의한 정의들을 살펴보도록 한다.

국제표준화기구(ISO)는 기업이 경제·사회·환경 문제 등에 대한 기여를 통해 사람·사회 전체에 혜택을 가져오는 것이라고 정의하고 있으며, EU의 유럽위원회(European Commission)는 기업이 경영활동에 있어 자발적으로 사회적·환경적 관심을 통합시키는 것이라고 정의하고 있다.

〈표 1〉 국제기관들의 기업의 사회적 책임에 대한 정의

국제기관명	기업의 사회적 책임의 정의
국제표준화기구 (ISO)	기업이 경제·사회·환경문제 등에 대한 기여를 통해 사람·사회 전체에 혜택을 가져오는 것
EU의 유럽위원회	기업이 경영활동에 있어 자발적으로 사회적·환경적 관심을 통합시키는 것
경제협력개발기구 (OECD)	기업이 사회와의 공생관계를 성숙·발전시키기 위하여 취하는 행동
국제노동기구 (ILO)	기업이 법적 의무를 넘어서 자발적으로 이해관계자에게 미치는 영향

선진국을 회원국으로 하는 경제협력개발기구(OECD)는 기업의 사회적 책임을 기업이 사회와의 공생관계를 성숙·발전시키기 위하여 취하는 행동으로 정의내리고 있으며 국제노동기구인 ILO는 기업이 법적 의무를 넘어서 자발적으로 이해관계자에게 미치는 영향으로 사회적 책임을 정의함으로써 사회가 기업에게 법률적 틀 안에서 요구하는 사회적 책임보다 더 넓은 범위의 정의를 내리고 있다.

이와 같이 여러 국제기관들에서의 사회적 책임의 정의는 표현에 있어서는 각기 다르나, 공통적으로 법의 테두리 안에서 기업들에게 요구하는 사회적 책임보다 더 넓은 범위의 사회적 책임을 정의내리고 있다는 것을 알 수 있다.

다음으로 기존 학자들에 의한 정의들을 살펴보면, 우선 보웬(Bowen)[3]은 1953년 「기업인의 사회적 책임(Social Responsibility of the Businessman)」을 통해 기업인은 우리 사회의 목표나 가치적 관점에서 바람직한 정책을 추구하고, 그러한 의사결정을 하거나 그러한 행동을 쫓아야 한다고 정의하였다. 그리고 엘스와 월튼(Ells and

---

3) Bowen, H. R.(1953), 『Social Responsibilities of the Businessman』, New York: Harper and Row.

Walton)[4]은 기업의 사회적 책임은 기업의 활동으로 인해 발생하는 문제의 관점 및 기업과 사회의 관계를 지배하게 되는 윤리원칙의 관점에서 생각해야 한다고 주장하였고, 맥과이어(McGuire)[5]는 기업은 사회에 대해 경제적·법적인 의무뿐만 아니라 전체 사회에 대해 책임져야 하며, 기업이 사회에 대해 책임을 지는 형태로서의 기업의 사회봉사를 특히 강조하였다. 이에 세띠(Sethi)[6]는 맥과이어의 관점에서 보다 더 나아가 기업의 사회적 책임은 사회·환경문제를 해결하고 윤리원칙을 준수하는 것이라고 간주하고, 궁극적으로 기업은 법률적, 경제적 의무를 넘어서 사회적 규범이나 가치, 그리고 사회적 기대와 조화를 이룰 수 있는 기업행위라고 정의하였다.

세띠의 기업의 사회적 책임에 대한 시각은 보웬에 의한 사회적 책임에 대한 본격적인 논의 이후 약 20여 년 동안 지속된 학문적 논의를 체계적으로 정리한 캐롤(Carroll)[7]의 "기업 수행의 3차원 개념모델"에서 체계화되었다. 이 모델에 따르면, 기업의 사회적 책임은 주어진 특정 시점에서 사회가 기업에 대하여 가지고 있는 경제적, 법적, 윤리적 기대를 모두 포함한 구성적인 개념이라 하였다. 즉 기업은 경제적 이윤창출, 법률준수, 윤리적 책임, 재량적 책임 등의 네 가지의 책임을 가지고 있다고 이 모델은 설명하고 있다.

여기서 '경제적 책임'은 기업의 사회적 책임 중 제1의 책임을 말하며, 기업은 사회의 기본적인 경제단위로서 재화와 서비스를 생산할

---

4) Ells, R. Walton, C.(1961), 『Conceptual Foundations of Business』, Home－wood, Richard D. Irwin.
5) McGuire, J. W.(1993), 『Business and Society』, New York, Mcgraw－Hill.
6) Sethi, S. P.(1979), "A Conceptual Framework for Environmental Analysis: Social Issue and Evaluation of Business Response Patterns," *Academy of Management Review*, 4(1), pp.63－73.
7) Carroll, B. A.(1979), "A Three－Dimensional Conceptual Model of Corporate Social Performance," *Academy of Management Review*, 4, pp.497－505.

책임을 지고 있다는 의미를 지닌다.

둘째 '법적 책임'이란 사회는 기업이 법적 요구사항의 구조 내에서 경제적 임무를 수행할 것을 요구한다는 것을 뜻한다.

셋째 '윤리적 책임'이란 법으로 규정하지는 못하지만 기업에게 사회의 일원으로서 기대하는 행동과 활동들을 의미한다.

마지막으로 '재량적 책임'이란 기업에 대해서 명백한 메시지를 갖고 있지 않지만 기업의 개별적 판단이나 선택에 맡겨져 있는 책임으로서 사회적 기부행위, 약물남용방지 프로그램, 보육시설의 운영, 사회복지시설 운영 등의 활동들을 포함하는 것이다. 따라서 사회적 책임을 가지는 기업이란 이윤을 내기 위해 노력하는 동시에 법을 준수하고, 윤리적이고 성실한 기업시민의 역할을 다하는 것이라고 할 수 있다.

이상을 정리하면, 기업의 사회적 책임은 기업의 이익과 관련 이해관련자 및 사회전체의 이익을 동시에 추구하는 행위규범을 정하고 그에 따라 기업의 의사결정 및 활동을 하는 책임이라 할 수 있다.

2. 기업의 사회적 책임의 특징

기업의 사회적 책임의 특징에 대해 살펴보면 다음과 같이 요약할 수 있다.

첫째, 반드시 이행해야할 강제성을 띠지 않으며 자발적이며 기업의 의지에 따라 자율적으로 실시되어야 할 사회·윤리적 책임 가운데 하나이다.

둘째, 기업의 사회적 책임 개념은 역사성과 체제 관련성을 띤 개념이다. 기업의 사회적 책임에 관한 논의가 근대산업사회의 전개과정 속에서 출연된 것은 주지의 사실로서, 자본주의 경제체제와 관련

내지는 체제유지적인 개념이다. 이러한 의미에서 이 개념은 사회적인 변화와 함께 사회의 한 구성원으로서 그 속에 발생·생존·성장해야만 하는 기업의 사회적인 관계를 시대적 상황에 맞게 표현한 역사의 특정단계와 관련된 경제·사회학적 개념이며 역사를 초월하는 개념은 아니다.

셋째, 아직 학자들 간에 견해가 일치되지 않고 있지만, 일반적으로 이들 정의들은 모두가 이윤동기를 넘어선 보다 넓은 활동영역을 사회에 대한 기업의 책임영역으로 간주하고 보편적인 인간가치의 실현에 기업이 기여해야 한다는 데에는 재론의 여지가 없다는 것이다.

제2절 기업의 사회적 책임의 의의 및 중요성

기업의 사회적 책임 이행이 과거 기업의 선택에서 이제는 의무로 바뀌고 있다. 국제표준화기구(International Organization for Standardization: ISO)는 지난 2005년 6월 환경·노동·인권·지역사회 기부 등 재무제표 상에서는 파악할 수 없는 기업의 사회적 책임활동(CSR)을 지수화해 국제적인 표준을 만들기 위한 국제회의를 주최하였고, 2007년까지 표준화 작업을 마무리하고 국제기구와 금융기관 및 기업들이 참고할 수 있는 CSR 가이드라인을 2006년 발표하였다. 이 표준은 각종 입찰이나 주식 상장 시, 준수하게 하는 등의 국제적인 강제 규정으로 활용될 수도 있을 것이다. 따라서 사회적 책임을 준수하지 않는 기업은 국제 거래나 투자 등에서 불이익을 받게 되고 NGO들이 기업을 감시하는 수단으로도 활용될 수 있기 때문에, 앞으로 사회적 책임은 더 이상 선택이 아닌 기업 생존의 필수 조건이 될 것으로 전망되어진다.

이렇듯 그 중요성이 더해지고 있는 기업의 사회적 책임은 유럽이나 미국에 비해 상대적으로 소홀했던 우리나라에서도 점차 논의가 시작되고 있다.[8] 국내에서 사회적 책임의 중요성이 본격적으로 강조되기 시작한 시기는 다른 선진국에 비해 다소 늦은 1990년대 이후라고 할 수 있다.

국내적으로는 우회적인 상속, 부정회계, 비자금 사건 등으로 기업의 사회적 책임에 대한 비판이 증가하였고 특히, 기업의 규모가 커지고 활동영역이 크게 확대되면서 사회복지 체계에서의 기업의 역할이 재조명되기 시작하였다.

대외적으로도 기업들의 해외진출이 증가하면서 지역사회와의 커뮤니케이션을 활성화하기 위해 기업의 사회공헌활동이 필요하다는 기업들의 인식 또한 증가하였다. 이에 따라 사회공헌활동을 수행할 전담 부서를 신설하는 기업들이 증가하고 그 영역도 단순한 금전적 지원에서 인적 봉사로 확대되는 경향을 보이고 있다.

특히, 1993년~1995년 사이에는 국내기업들의 기부금 총액이 크게 증가하였다. 그러나 경기불황이 본격화된 1996년에는 기업들의 기부금 총액이 약 25% 감소하였으며 1998년에도 전년대비 약 25% 감소한 1조 4천억 원 수준에 머물렀다.[9] 이는 현재까지도 국내기업들의 사회공헌 활동이 경기상황에 따라 민감하게 영향을 받을 수밖에 없는 매우 취약한 구조로 구성되어 있음을 의미하는 것이다.

그러나 이러한 국내기업들의 사회적 책임수행에 대한 취약한 구조

---

8) 고재민(2005), "사회적 책임 활동도 성과 측정이 중요하다", LG경제연구원 주간경제 849호, p.3.
9) 국세청, 1996, 1999.

에도 불구하고, 최근에 국제적 'CSR라운드'에 대비하기 위하여 정부·기업계·금융계·시민단체 등 각계 대표들이 모여 사회적 책임(SR) 표준화 포럼을 만들었고, 기업들의 움직임도 가시화되는 등 기업의 사회적 책임에 대한 국내 기업의 인식과 실행에 있어서의 변화가 일어나고 있다.

본 절에서는 이렇듯 그 중요성이 더해지고 있는 기업의 사회적 책임에 대한 국제적인 논의 과정에서의 내용 및 사회적 책임이 기업과 국가에 가져다주는 효과를 통해서 기업의 사회적 책임활동의 중요성을 살펴보고자 한다.

1. 기업의 사회적 책임에 대한 국제적인 논의[10]

1990년대 들어 국제기구들은 윤리라운드 추진을 통해 기업의 사회적 책임 수행과 윤리경영을 국제적으로 표준화시키려는 움직임을 보이고 있다. 즉 윤리경영을 하지 않을 경우 국제상거래에 있어 글로벌 무역조건을 위반하는 것으로 간주하겠다는 것을 의미한다.

이에 따라 OECD는 1997년 12월 'OECD 국제상거래 뇌물방지협약'을 채택하여 이를 위반한 기업에 대해 국제시장 진입 자체를 차단하려고 시도하고 있으며, 세계은행(World Bank)은 '반부패지식자료센터'를 설치하고 부패한 국가에 대한 원조중단 및 부패한 기업의 블랙리스트를 작성하여 향후 금융지원에 이들 자료들을 활용하고 있다. 이렇게 강화된 윤리라운드의 영향으로 비윤리적인 기업경영은 국제간 무역제재의 대상으로까지 발전하고 있는 것이다.

---

10) 김현수(2006), 앞의 보고서, pp.4-9.

〈표 2〉 국제기구들의 윤리라운드(Ethics Round) 추진 현황

연 도	기 구	명 칭	내 용
1995	TI	세계반부패의 해 지정	매년 국가별 부패지수 발표
1996	UN	국제상거래에 있어서 부패와 뇌물에 관한 선언문	세계 각국 공직자를 위한 행동강령
1997	ICC	국제상거래상의 금품강요와 뇌물수수방지에 관한 행동 규칙	기업사규의 제정과 동 규칙 이행을 위한 메커니즘 구축 권고
1997	OECD	OECD 국제상거래 뇌물방지 협약 / OECD 기업지배원칙	국제상거래에서 뇌물제공을 범죄 행위로 규정, 직원과 법인을 형사 처벌

주: 이상민, 최인철(2002), 삼성경제연구소 보고서에서 인용.

　이와 함께 선진기업들은 기업의 사회적 책임을 제 이해관계자에 대한 책임으로 구분하고 있다. 이에 따라 기업이 제 이해관계자에 대하여 책임을 다하고 있음을 투명하게 확인할 수 있는 시스템의 일환으로 매년 기업의 사회적 성과에 관한 보고서를 작성하여 제 이해관계자에게 배포하고 있다. 이것은 기업이 기업회계기준에 의거하여 재무적 성과에 관한 재무제표 및 부속명세서를 작성하여 매년 사업보고서로 보고하는 것과 유사한 개념이다.[11]

　기업의 이러한 사회보고서는 기업의 사회적 성과를 제 이해관계자가 체계적으로 파악할 수 있는 수단 및 홍보 수단을 확보하고 기업의 사회적 성과에 대한 정보를 공개함으로써 기업의 투명성을 제고시키는 데에 도움을 줄 것이다. 또한 환경적 성과를 통한 기업의 미래가치 및 위험도를 측정하고, 노사 간의 기업의 사회적 성과와 관련된 제반 정보를 공유함으로써 노사관계 안정에 기여할 수 있을 것

---

11) 이상민, 최인철(2002), "재인식되는 기업의 사회적 책임", 삼성경제연구소, pp.2－4.

으로 기대되어진다.[12]

위에서 살펴본 바와 같이, 주요 국제기구들과 일부 선진국들에서의 기업의 사회적 책임에 대한 일련의 표준화 동향은 기업의 사회적 책임이 해당 기업의 경쟁우위 원천 확보를 통한 지속적인 성장에 있어서 매우 중요한 요소가 되고 있다는 것을 인식하고 있음을 반영한 결과라 할 수 있을 것이다.

다음에서는 주요 국제기구들의 기업의 사회적 책임에 대한 표준화 동향을 좀 더 구체적으로 살펴보도록 한다.

1) UN Global Compact 추진동향

기업들은 인권, 노동기준, 환경, 반부패 등의 4개 영역에 대한 핵심가치를 지지하고 채택하여 규범화 할 것을 국제연합(UN)에 요청하였다. 이에 따라 1999년 1월에 개최된 스위스 WEF총회 연설에서 코피 아난(Kofi Anan) UN 사무총장이 The Global Compact를 제창하고 세계 경제지도자들에게 이에 동참할 것을 호소하였다. 이와 함께 UN 본부에서는 "The Global Compact"를 2000년 7월 발족하였다.

현재 세계적으로 2,729개 기업과 단체가 이에 가입하고 있으며, 우리나라에서는 2005년 8월 한국전력의 가입을 시작으로 한국토지공사, 한국남동발전, 우리은행, 한국서부발전, 대우증권 등 2006년 6월말 현재 총 7개의 기업이 이에 가입하였다.

주요 국가별로 UN Global Compact의 가입현황을 살펴보면, 프랑스의 기업이 총 402개 가입함으로써 가장 많은 기업이 가입한 국가가 되었으며 스페인이 277개 기업, 아르헨티나가 203개 기업, 브라

---

12) 최정철(2002), "기업의 사회적 책임과 사회보고제도: 지속가능성 보고서를 중심으로", 기업의 사회보고제도 도입에 관한 토론회.

질과 필리핀이 각각 151개 기업과 139개 기업이 가입되어 있다. 이에 비해 미국기업은 123개 기업만이 가입되어 있는데 이는 UN Global Compact가 미국이나 영국 주도로 사회적 책임을 다루어지고 있지 않기 때문이다.

〈표 3〉 UN Global Compact 10대 원칙

○ 인권(Human Right)
● 원칙 1: 기업은 국제적으로 선언된 인권의 보호를 지지하고 존중해야 한다. ● 원칙 2: 기업은 인권 학대에 공모하지 않을 것을 확신해야 한다.
○ 노동기준(Labor Standard)
● 원칙 3: 기업은 단체 교섭에 있어서 조합의 자유와 권리의 효과적인 인식을 지지해야 한다. ● 원칙 4: 기업은 모든 형태의 강요되거나 강제된 노동을 배제해야 한다. ● 원칙 5: 기업은 아동 노동을 효과적으로 폐지해야 한다. ● 원칙 6: 기업은 고용 및 업무에서 차별을 배제해야 한다.
○ 환경(Environment)
● 원칙 7: 기업은 환경 도전에 대해 예방적 접근을 지지해야 한다. ● 원칙 8: 기업은 환경에 대한 책임 증진에 솔선해야 한다. ● 원칙 9: 기업은 환경친화적 기술의 개발 및 보급을 지원해야 한다.
○ 반부패(Anti-Corruption)
● 원칙 10: 기업은 부당가격 청구 및 뇌물을 포함하여 모든 형태의 부패에 대응해야 한다.

자료: 삼성경제연구소, 기업의 사회적 책임(CSR) 논의 동향, 2006. 2

UN Global Compact는 모두 10가지의 원칙을 가지고 있다. UN Global Compact의 10대 원칙은 인권과 관련하여 2개의 원칙, 노동기준과 관련하여 4개의 원칙, 그리고 환경과 관련하여 3개의 원칙이, 마지막으로 부패와 관련하여 1개의 원칙으로 구성되어 있다.

이와 같은 UN Global Compact는 비록 미국과 영국의 주도하에 기업의 사회적 책임을 지지하고 명문화 한 것은 아니지만, 전 세계

국가들을 대표하는 국제연합 차원에서 인권, 노동기준, 환경, 반부패 등의 4개 영역에 대한 기업의 사회적 책임 관련 핵심가치를 제창하고 또한 이에 많은 기업들이 가입하여 이를 따르고 있다는 점에서 기업의 사회적 책임 관련 이슈에 대한 국제적인 인식을 제고시키는 데에 기여했다고 할 수 있다.

2) 국제표준화기구(ISO)의 CSR 표준화 동향[13]

주요 선진국 및 국제기구를 중심으로 기업의 사회적 책임(CSR)의 표준화·규범화가 진행됨에 따라 각국의 상이한 기업의 사회적 책임과 관련한 표준이 새로운 무역장벽으로 작용하고 있다. 따라서 국제표준화기구(ISO)에서는 이를 방지하기 위해서 기업의 사회적 책임에 대한 국제표준의 제정을 추진해왔다.

2001년부터 논의가 시작된 국제표준화기구의 기업의 사회적 책임에 대한 표준화 작업은 환경, 노동, 인권, 지역사회 기부 등의 활동을 지수화 하여 국제적인 표준을 만들고 이를 재무제표 상에서는 파악할 수 없는 기업의 지속가능성으로 평가하는 것을 내용으로 하고 있다.

또한 기업의 사회적 책임에 대한 국제적인 규격화 작업은 기업윤리와 사회적 책임을 품질인증(ISO 9000)이나 환경인증(ISO 14000)처럼 국제거래의 필수적인 제약조건으로 만들어 지는 것에 합의하고 이를 순차적으로 진행하고 있다.

2004년 6월, 국제표준화기구는 ISO 9000(품질경영), 14000(환경경영)과 같은 시스템 표준형식으로 SR표준 가이드라인(ISO 26000)을

---

13) http://www.iso.org/ 참조.

제정하기로 결의하였다.14) 같은 해 9월, 태국 방콕에서 열린 사회적 책임 국제표준 제정을 위한 회의에서는 앞으로 3년간 매년 두 차례 ISO 기술관리이사회(TMB) 작업반 회의를 열어 2008년 3월 국제규격(ISO 26000)을 발간키로 하였다.

향후 이 작업은 세계무역기구(WTO), 경제협력개발기구(OECD) 등 국제기구들의 참여 아래 기업의 사회적 책임 라운드(CSR Round)로 확대되어 금융기관들의 투자와 기업간 거래에 중요한 지표로 쓰일 예정이다. 이럴 경우, 기업의 사회적 책임에 대한 대비가 없는 기업은 투자대상으로써나 국제거래 시, 불이익을 당할 수도 있음을 의미한다. 즉 기업의 사회적 책임 라운드의 부상과 함께 좋든 싫든 사회적 책임 이슈에 대한 적극 대응이 요구되는 시점이 다가오고 있는 것이다.

3) OECD의 표준화 동향

OECD는 1977년 다국적기업 가이드라인(Guideline for Multinational Enterprises) 제정 이후 4차례의 개정을 거쳐 노동관계, 환경, 뇌물방지, 소비자 이익 등에 대한 기업행동준칙을 제시하였다.

그 후 1999년 기업지배구조에 관한 원칙을 제정하고 같은 해 외국공무원 뇌물방지협약 등의 제정을 통해 기업의 사회적 책임을 강조하고 있다.

---

14) CSR이 아닌 SR표준 가이드라인을 제정하기로 결의한 이유는 CSR에서 C(Corporate)를 삭제함으로써 기업 이외에 정부·노조·시민단체 등에게도 적용될 수 있는 사회적 책임(SR) 가이드라인의 제정을 추진하기 위한 것이다.

(1) 기업지배구조원칙(Principles of Corporate Governance)

동 원칙은 OECD회원국에 대하여 권고의 성격을 가지고 있는 것으로 기업지배구조에 관한 국제적인 원칙이다. 이 원칙은 ① 주주의 권리, ② 주주의 동등대우, ③ 이해관계자의 역할, ④ 공시와 투명성, ⑤ 이사회의 책임 등 다섯 부분으로 구성되어 있으며 원칙과 주석으로 이루어져 있다.

첫째, 주주의 권리에서는 주주의 기본적인 권리의 내용을 우선 언급하고 있으며 주주의 기업변화와 관련된 의사결정 내용을 숙지할 것과 주주의 의결권 행사를 원활히 할 것을 권고하고 있다. 여기에는 대리의결권을 인정하는 것을 포함하고 있다. 또한 지분율을 초과하는 지배권의 원칙에 관한 공시가 필요하다는 것을 명시하고 있으며 기업지배권시장의 투명하고 효율적인 운영이 필요하다고 권고하고 있다. 그리고 의결권 행사의 비용과 편익에 대한 고려가 필요하다는 내용이 포함되어 있다.

둘째, 주주의 동등대우는 모든 주주의 동등대우와 주주의 권리침해에 대한 적절한 보상을 규정하고 있다. 여기에서는 동등한 부류의 주주에 대한 동등대우와 내부거래 및 남용적 자기거래의 금지, 이사, 경영진의 사적이해와 기업이해 관련 시 이를 공시해야 한다는 내용을 포함하고 있다.

셋째, 이해관계자의 역할은 기업과 이해관계자간 협력을 촉진하기 위한 내용으로서 이해관계자의 법적 권리 존중, 이해관계자의 권리 침해에 대한 적절한 보상 기회 제공, 이해관계자의 참여형태 제고, 이해관계자의 참여시 정보접근 허용을 그 내용으로 하고 있다.

넷째, 공시와 투명성은 기업의 중요정보에 대한 적절한 공시를 통해 경영투명성을 확보하기 위한 것으로 공시정보의 구체적 내용을 언급할 것을 권고하고 공시정보의 작성과 공시과정에서 국제적 회계 및 감사기준을 적용할 것, 그리고 독립적 외부감사인에 의한 연차 감사를 수행할 것과 정보접근 통로의 적절성이 필요하다는 것을 그 내용으로 하고 있다.

마지막으로, 이사회의 책임은 기업전략 제시, 경영감독, 주주 및 기업 이익 대변 등 이사회의 책임을 강조하는 것으로 이사회 구성원의 충실 원칙, 이사회 구성원의 공정성, 이사회의 준법성, 이사회의 주요 감독기능 언급, 이사회의 경영진에 대한 독립성, 이사회 구성원의 정보접근 확보 등을 그 내용으로 하고 있다.

위에서 언급한 1999년의 기업지배원칙은 각 회원국의 이행실태를 분석하여 5년에 한번씩 주기적으로 개정 보완하기로 되어 있다. 이에 따라 2002년 OECD 각료이사회에서 1999년 기업지배원칙을 조기 개정하기로 결정하였고 약 2년간의 토론 끝에 새로운 이슈로 부상한 최고경영자(CEO)에 대한 과다보수 지급 문제, 기관투자가의 주주기능 활성화, 회계법인과 신용평가사의 이해상충 문제 등에 대한 회원국의 합의를 담아 2004년 5월 OECD 각료이사회에서 개정되기에 이르렀다.

(2) 외국공무원 뇌물방지협약

본 협약은 각 체약국들은 국제 상거래 과정에서 외국공무원에 대한 뇌물 공여행위를 범죄로 규정하기 위해 필요한 조치를 이행할 것을 내용으로 하고 있다. 여기에는 공여 행위뿐 아니라 선동, 협조, 교사를 포함한 공모나 공여행위를 하도록 위임하는 행위도 포함된다.

또한 각 체약국들은 외국공직자 증뢰행위에 대해 법인에 대한 책임을 부과할 수 있는 조치를 취해야 한다고 되어 있으며 또한 각 체약국들은 외국공직자에 대한 뇌물공여자에 대한 사법적 제재조치를 취해야 한다고 규정하고 있다.

뇌물공여자에 대한 처벌은 체약국 자국 공직자의 뇌물공여에 적용되는 범위에 준할 것을 명시하고 체약국의 법률체제상 법인의 형사책임이 인정되지 않는 경우 금전적 제재 등 비형사적 처벌을 강구할 것을 명시하고 있다. 또한 뇌물에 대한 몰수·추징은 물론 뇌물제공으로 얻은 이익을 몰수할 수 있는 조치를 취할 것을 포함하고 있다.

위에서 살펴본 바와 같이 OECD는 기업지배구조원칙과 외국공무원 뇌물방지협약 등을 통해 기업의 사회적 책임을 강조하고 있으며 이제 이러한 기업의 사회적 책임 수행은 단순한 제도상의 문제가 아니라 시스템의 성과는 물론 성장과 효율에 직접적인 영향을 미치는 중요변수로서 자리매김하고 있다는 것을 이를 통해 알 수 있었다.

2. 기업의 사회적 책임의 효과

1) 기업에게 요구되는 역할과 그 효과15)

최근 국제사회는 사회·경제적 측면에서 많은 구조적 변동을 겪어왔으며, 이제 새로운 모습을 갖추기 위한 또 다른 전환기에 있다고 할 수 있다. 이러한 시기에 있어서 기업에게 요구하는 역할을 통해 사회적 책임의 효과를 살펴보면 다음과 같다.

첫째, 기업은 사회에서 중추적 역할을 하는 사회적 기관(Social Institution)이라는 인식을 통해 경제적 부의 창출뿐만 아니라 변화하는 환경에 대처하고 혁신적 변화를 주도하여 보다 넓은 의미에서의

---

15) 곽수일(1991), "기업의 사회적 책임", 『경영계』, 1991년 6월호.

경제성장이 이루어지도록 기여해야 한다. 이때 비로소 기업은 현대
사회에서 경제적·사회적 발전의 역할을 제대로 수행하고 있다고 할
것이다.

우선, 기업이 추구하는 목표가 사회 전체의 이해와 상충되는 경우
그 존재가치를 잃게 된다. 기업은 사회에서 제공한 터전을 바탕으로
성장·발전하게 된다. 따라서 기업의 경제적 성과를 달성하기 위한
경영활동이 사회의 전체적인 이해와 충돌할 경우 기업은 터전을 잃
게 되는 것이므로 더 이상의 생존을 보장받을 수 없게 된다.

또한 기업은 장기적인 관점에서 사회 전체의 이득을 생각하는 것
이 필요하다. 즉 넓은 의미에서 기업의 사회적 책임은 사회의 모든
문제에 대하여 관심을 보이고 해결을 모색하는 것이다. 이는 사회
전체가 건전하게 발전하여 좋은 환경에서 훌륭한 교육을 받는 경우
궁극적으로 기업성장에 도움이 되기 때문이다. 기업이란 이런 관점
에서 자신의 이익이나 종업원의 복지뿐만 아니라 사회 전체의 입장
에서 도모하여야 하는 사회적 책임이 있다는 것이다.

그리고 기업이 사회적 책임을 적절히 수행할 때 비로소 국민이나
정부로부터 받게 되는 압력이 감소될 것이다. 특히 정부로부터 받게
되는 압력이 현실화될 때 이는 규제나 인·허가제도의 형태로 나타
날 것이고 이는 결국 기업의 비용만을 증대시키는 결과를 낳게 될
것이다. 이와 같은 규제나 인·허가제도는 기업의 행동폭을 감소시
키고 정부부서로의 권한 집중만을 가속시키게 될 것이기 때문에 이
에 대한 관리가 무엇보다 필요한 것이다.

둘째, 기업은 기업의 기본목표 중의 하나인 이윤극대화 과정에서
이제는 사회가 인정하는 공정하고 청렴한 방식에 입각하여 행동함으
로써 사회에서 공인하는 기업의 이익이 되도록 경영이념의 전환이
필요하다.

이렇게 될 때 사회에서 기업의 공헌도와 기여도를 본격적으로 인정하는 시대가 올 것이기 때문이다. 만약 기업의 이윤이 사회에서 수용될 수 없는 방법에 의하여 이루어지는 경우 사회로부터의 비난은 당연한 결과가 될 것이다.

마지막으로 각계각층에서 분출하는 사회적·경제적 욕구에 대하여 이를 조화시키고 조정하는 역할을 수행하는 동시에 이러한 변화의 와중에서도 창조적이고 혁신적으로 변화에 대응하여 사회 전체의 발전을 도모하는 슘페터적 기업가상을 가져야 할 것이다.

만일 우리 사회에서 기업이 위와 같은 기능과 역할을 감당하지 못하거나 어떤 연유로 기업이 와해된다면, 과거 사회주의 국가나 남미의 몇몇 국가같이 궁극적으로 경제가 후퇴하고 사회 전체가 침체의 구덩이로 전락하게 될 것이기 때문이다.

2) 전략적 사회공헌활동으로의 변화

기업의 사회적 책임활동 수행이 주는 효과는 기업의 사회공헌활동이 전략적 사회공헌활동으로 변화했다는 사실을 통해서도 알 수 있다.

최근 들어 기업의 사회공헌활동은 공익 연계마케팅 활동을 강화하는 등의 전략적 사회공헌활동으로 변화하고 있다. 기업들의 이러한 전략적인 사회공헌활동의 추구는 기업에 대한 사회적 이미지 제고 효과가 매우 크고 소비자의 신뢰를 구축할 수 있으며 지역사회와의 유대가 강화되고 그럼으로써 장기적인 안목으로 볼 때 기업에 이익을 가져다주기 때문이다. 특히 기업들에 의한 사회공헌의 글로벌화 추구는 현지국의 해외 현지법인에 대한 우호적 관계 형성에 긍정적으로 기여하게 된다.

따라서 기업은 사회적 책임활동을 분야별로 분석하고 체계적으로 관리하기 위한 전략을 수립하여야 한다. 왜냐하면 기업의 사회적 책임활동을 분석·평가하여 관리하는 것은 긍정적인 기업 이미지를 창출하여 매출을 증대시킬 수 있기 때문이다. 더불어 제품이나 기업에 대한 인지도와 선호도에 영향을 미침으로써 결국 기업의 통합 마케팅 커뮤니케이션에도 영향을 미칠 수 있기 때문이다.

3) 기업의 사회적 책임의 효과 측정

위에서 언급하였듯이, 기업들이 사회적 책임을 성실하게 수행하고 기업의 전략과 비전을 사회적 책임과 일치시켰을 때에만 기업은 생존할 수 있고 성장할 수 있게 된다. 그러면 실제로 사회적 책임을 수행했을 때 얻게 되는 기업의 경제적 효과를 측정할 수 있을까? 이에 대한 답으로 최근 부각되고 있는 것이 바로 사회적 책임투자이다. 기업의 사회적 책임의 효과측정 수단이 되고 있는 사회적 책임투자에 대해 살펴보도록 한다.

최근 해외투자자 가운데 대다수가 사회적 책임투자 펀드에 대한 투자를 선호하는 경향이 나타나고 있다. 이에 따라 해외 주요 기업의 IR(Investor Relations) 담당자들도 자신들의 기업이 사회적 책임을 다하는 기업이라는 것을 입증할수록 기업활동에 이익이 된다는 사실을 인식하기 시작하였으며, 사회적 책임이 투자의 척도로 활용될 수 있는 만큼 시대적 조류로서 선택이 아닌 필수적 경영전략으로 새로이 인식되고 있다.

기업의 사회적 책임의 효과를 측정하는 데 가장 널리 사용되는 지표로는 SROI(Social Returns On Investment)가 있다. SROI는 사회 공헌 활동을 통해 얻을 수 있는 사회적 현금 흐름의 현재 가치를 사회 공헌 활동에 필요한 투자액의 현재 가치로 나눈 값으로서, 100%

를 넘으면 사회적으로 유리한 투자 안이라고 해석할 수 있다.

$$SROI = \frac{\text{현재가치 (사회공헌활동의 기대효과)}}{\text{현재가치 (사회공헌활동의 총투자액)}} \Rightarrow 1보다 크면 유리$$

SROI는 기업의 투자 의사결정 기법으로 가장 많이 활용되는 NPV 나 IRR과 유사한 계산 구조를 가지고 있어 이해하기 쉽다는 장점을 지니고 있다. 현재 SROI는 자금 조달이 필요한 벤처 기업이나 비영 리 기관 등을 중심으로 활발히 활용되고 있다. 특히 사회적으로 가 치 있는 기술을 보유하고 있는 벤처 기업의 경우, 시장 메커니즘으 로는 자금 조달이 어려우므로 정부나 공익 재단 등으로부터 자금 조 달을 위해서는 SROI를 통해 자신의 기술이 얼마나 큰 사회적 영향 을 지니고 있는지를 보여 주는 사례가 많다.

　이렇듯 기업의 사회적 책임은 SROI를 통해 사회에 미치는 경제적 인 효과들을 측정할 수 있게 되었으며 이를 통해 기업의 향후 성장 성이나 기업의 가치를 평가하는 데에 더 많이 사용됨으로써 그 중요 성이 더욱 부각되고 있음을 알 수 있다.

제3절 기업의 사회적 책임에 대한 인식16)

　기업의 사회적 책임에 대한 논쟁은 크게 세 가지 시각으로 나누 어진다. 첫째는 사회적 책임에 대한 부정적 시각이고 둘째는 긍정적

16) 이상민, 최인철(2002), 앞의 보고서, pp.17−20.

시각이다. 전자는 주로 신고전학파 경제학적인 시각을 바탕으로 하고 있고, 후자는 사회경제학적 시각을 반영하는 것이다. 최근에 들어와서는 위의 두 시각을 혼합한 절충형 시각이 새로이 등장하고 있다.

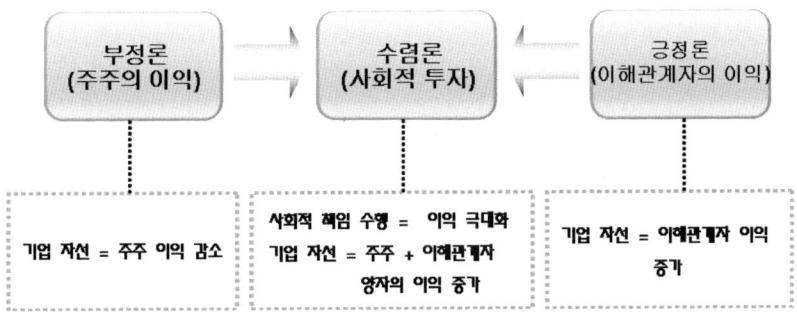

〈그림 1〉 기업의 사회적 책임에 관한 시각

1. 기업의 사회적 책임에 대한 부정적인 견해

기업의 사회적 책임에 대한 첫 번째 시각은 신고전학파 경제학(neo-classical economics)의 시각이다. 이들은 일반적으로 기업의 사회적 책임을 부정하는 경향이 매우 강하다.

이들의 논리에 따르면, 기업가들은 그들의 이익을 극대화하기 위해서 능률을 증진시키고 비용을 절감함으로써 사회적으로 공헌한다고 본다. 따라서 기업에 주어진 역할은 이익을 내는 본업에 충실한 것이며 사회의 제반 문제들에 신경을 쓰는 것은 그 만큼 다른 비용을 증가시켜 주주들에게 돌아갈 혜택을 감소시키게 된다.

이러한 비용은 생산하는 제품 가격에 전가되어 가격이 상승하는 결과를 낳아 결국 고객에게 고스란히 피해가 돌아가고 경쟁력 상실로 인하여 새로운 고용창출에 실패하게 된다는 것이다. 결국 주주의 이익을 극대화하는 것이 기업의 최대 역할이라는 것이다.

또 다른 한편으로는 기업의 사회적 책임의 수행이 기업 본연의 경제적 기능을 약화시킨다는 주장이 제기되기도 한다. 즉, 기업의 사회 내에서의 본연적인 기능은 사회가 필요로 하는 재화와 용역을 생산하는 경제적 기능을 전문적으로 담당하는 것이므로 이러한 기업의 경제적 기능 이외에 사회적 책임의 수행이라는 추가적인 기능을 기업에게 요구하는 것은 오히려 기업의 본연적인 경제적 기능의 수행마저 저해시킬 수 있다는 논리이다.

또한 기업의 사회적 책임 수행에 대한 반대적인 시각을 펴는 논리 중의 하나는 기업이 사회적인 책임 활동을 수행하게 될 때 시장의 비효율성이 초래된다는 것이다. 고전학파의 이론에 따르면 시장이 자유로울 때 자원사용의 효율성을 극대화할 수 있으며, 자원사용의 효율성이 극대화 될 때 사회적 부의 극대화를 달성할 수 있다고 본다. 이러한 이론에 의하면 기업들이 본연의 경제적 목적 외에 사회적 목적을 추구하도록 강요하는 것은 효율적인 자원사용을 불가능하게 하고 그럼으로써 시장의 기능을 왜곡시키게 되며, 더 나아가 사회적 부의 극대화를 저해하는 결과를 초래한다는 것이다.

이상에서 살펴본 바와 같이, 신고전학파 경제학자들은 사회에 대해서는 세금을 통해 역할 수행을 하고 있는 만큼 기업을 둘러싼 모든 이해관계자들의 이익을 위해서는 기업은 오직 주주의 이익을 극대화하는 것이 바람직하며 세금이외의 기업의 사회적 책임 수행은 불필요하다는 주장을 하고 있다.

2. 기업의 사회적 책임에 대한 긍정적인 견해

두 번째 시각은 사회적 책임에 대한 긍정적 시각으로 이해관계자론(stakeholder theory)으로도 불린다.[17] 20세기에 들어서서 자본주의의 발달과 함께 기업의 규모가 커지고 그에 비례하여 권력과 영향력이 증대됨에 따라 이에 상응하는 기업의 사회적 책임 또한 커지게 되었다.

이에 따라 1970년대 이후, 모든 사람들이 살기 좋은 사회를 만드는데 협력해야 하듯이 기업도 사회의 구성원으로서 당연히 책임 있는 역할을 수행해야 한다는 주장이 확산되게 된다. 즉, 장기적으로 보면 사회의 요구를 외면할 경우 결국 사회전체의 비용으로 되돌아오게 되어 기업의 비용 지출이 증대될 수밖에 없다는 것이다. 따라서 사회 전체의 발전이 기업의 발전에도 도움이 된다는 것이다.[18]

또한 기업의 사회적 책임 수행에 대한 긍정적인 시각에 대한 논리중의 하나는 사회적 책임을 수행하는 데 있어서 정부의 관료들보다는 기업의 경영자들이 더욱 더 능력이 있다는 것이다. 정부의 관료들은 세금을 걷고 예산을 세워서 미리 결정된 계획에 따라 수행하므로 제약이 많이 따르지만, 경영자는 자신의 재량에 따라 할 수 있는 부분이 비교적 자유롭고 많은 편에 속한다. 즉 기업 경영자의 지시에 의한 사회적 책임의 수행은 실제로 구체화되기까지 의사결정단계나 소요시간이 정부의 관료들보다 적게 소요되어 비교적 신속한 사회적 책임활동 수행이 가능하다는 것이다.

---

17) Johnson, H. L.(1971), "Business in Contemporary Society: Framework and Issues," Belmont: Wadsworth.
18) Carroll, B. A.(1999), "Corporate Social Responsibility," *Business and Society*, 38(2), pp.268-295.

하지만 사회적 책임의 긍정론자들도 경제적 성과가 기업의 일차적 책임이라는 점을 부정하지는 않는다. 최소한 자본비용을 보상할 수 있는 수준의 이익을 내지 못하는 기업은 역설적으로 사회적으로 무책임한 기업이라는 것이다.

하지만 이들은 경제적 성과가 기업의 유일한 책임은 아니라고 보는 것이다. 이는 오늘날 기업이 자본주의 체제하에서 이윤을 추구하면서도 사회적 역할을 다 해야 하는 제도적 존재가 되었음을 의미하는 것이기도 하다.

3. 기업의 사회적 책임에 대한 절충적인 견해

최근에 들어서는 기업의 '경제적 성과'와 '사회적 성과'를 따로 분리시키지 않고, 두 가지를 같이 다루어야 한다는 시각이 지배적이다. 따라서 기업이 사회에 대한 책임을 가지고 있다는 사실은 인정하되 그렇다면 어떻게 책임져야 하는가에 대한 논의를 활발히 진행하고 있다. 즉, 종업원이나 지역사회 같은 이해관계자의 요구에 충실하면서 동시에 주주들의 이익을 극대화시킬 수 있는 새로운 의미의 기업의 사회적 책임은 무엇인가에 대한 논의이다.

이 시각에 따르면, 장기적인 관점에서 볼 때 기업의 주주들에게 이익이 되는 것은 동시에 이해관계자들에게도 이익이 된다. 따라서 주주도 이해관계자에 포함되기 때문에 장기적인 관점에서 보면 이들 두 집단이 가지는 이해관계는 궁극적으로 하나로 수렴된다는 것이다.

따라서 기업의 목표는 이익 추구이지만 그것이 기존의 단기적인 이익추구와는 구별되는 장기적인 이익의 극대화에 초점을 맞추어야 한다는 것이다. 즉, 사회적으로 책임 있는 기업이 장기적으로는 주주에게도 더 많은 이익을 가져다준다는 것이다.

이러한 수렴론은 기업의 '사회적 투자(social investment)', 또는 '심층적 책임(meta-responsibility)'이라고 불리며, 기업의 자선활동은 이타주의적 시각이나 이익추구적 시각과 같은 일방적인 관점에서만 바라볼 수 없다는 주장이다. 이 시각에 따른다면 이익과 사회적 책임은 별개의 사안이 아닌 것이 된다.

제4절 기업의 사회적 책임 출현배경 및 역사적 변천과정

기업의 사회적 책임은 기업을 둘러싸고 있는 제도와 문화, 그리고 역사에 의해서도 다르게 해석될 수 있다. 따라서 국가마다 의미하는 기업의 사회적 책임에는 분명한 차이점이 존재한다. 이번 장에서는 기업의 사회적 책임의 출현배경 및 역사적 변천과정에 대해 살펴보도록 한다.

1. 기업의 사회적 책임 출현배경

기업의 사회적 책임이라는 개념은 선진공업국, 특히 20세기에 들어와 세계경제를 주도했던 미국을 배경으로 대두하게 되었다. 물론 미국보다 산업화의 역사가 앞섰던 영국을 중심으로 한 유럽에서도

42

사회적 책임과 유사한 개념이 제시되기도 하였다. 그러나 본격적으로 사회적 책임이라는 개념이 체계화되고 발전하게 된 것은 거대기업화의 사회·경제적 영향을 일찍부터 경험한 미국에서부터였다.

현재 만연되어 있는 기업의 사회적 책임에 대한 개념은 먼저 전통적·경제적 모델이 형성된 뒤에 등장하였다. 애덤 스미스(A. Smith)의 '보이지 않는 손(invisible hand)'의 개념이 출발점이었는데, 그것은 기업이 단지 수요에 반응하기만 하면 사회는 원하는 바를 얻을 것이라고 보는 견해였다.

그런데 어떤 재화와 용역이 생산되어야 하는지를 결정하는 데 있어서는 시장기구가 합리적이지만 기업이 항상 공정하고 윤리적으로 행동하지 않는다는 문제점이 나타났다.

20세기 초반에만 하더라도 미국기업들은 매우 크고 강력했으며 이러한 힘을 이용하여 트러스트(trust)나 카르텔(cartel)을 통해 자유로운 경쟁을 부당하게 제한함으로써 사회적 비난의 대상이 되었다. 여기에 복지국가 자본주의의 개념이 등장함으로써 정부역할이 기존에 비해 크게 확대되어 반독점법이나 다른 정부의 규제들을 통해서 기업의 힘을 억제하기 위한 노력들이 기울여졌다.

그러나 기업의 사회적 책임이 더욱 본격적으로 사회에서 유의성을 지니기 시작한 것은 사회환경 및 사회가치의 현저한 변화가 일기 시작한 1960년대 베트남 전쟁 이후라 할 수 있을 것이다.

물론 그 이전에도 몇몇 선견지명이 있는 기업가들이 기업의 힘과 영향력을 단지 이윤을 극대화시키는 데에만 사용하지 말고 보다 넓은 사회적 목적을 위해서 활용하라고 충고하기도 하였다. 이러한 생각들이 점점 더 많은 사회일반인들과 기업인들에게 받아들여지기 시작하였으며, 결국은 기업의 사회적 책임이라는 개념으로 발전하게 된 것이다.

 학문적으로도 기업의 사회적 책임은 앞에서 기술했던 바와 같이 1953년 보웬의 "기업가의 사회적 책임"이라는 책이 출간된 이후 본격적인 논의가 이루어졌다. 또한 한국에서도 사회적 책임론은 1980년대 중반 이후 학술적으로나 사회적으로 관심이 높아지기 시작했다. 즉, 주로 재벌기업의 부정적인 사회적 영향력에 대한 학계와 언론계, 관련 이해관계자들의 비난여론의 초점이 되면서 재벌기업들이 더욱 책임 있고 성숙한 기업행동을 보여주어야 한다는 사회적 기대가 확산되기 시작하고부터 기업에 대한 사회적 책임에 대한 요구가 커지게 된 것이다.

 기업의 사회적 책임론의 대두로 기업과 사회 간 상호관계의 양상은 크게 변화하게 되었다. 즉, 과거의 경제적 측면에서의 기업과 사회 간 상호관계에 주로 초점을 두었던 것이 확장되어, 사회적 측면에서의 상호관계까지 포함하게 된 것이다.

 이것은 기업과 사회 간에 형성되는 사회적 계약 관계의 변화를 의미한다. 여기서 사회적 계약의 개념은 다음과 같은 중요한 의미를 내포하게 된다. 그 하나는 기업이라는 제도는 어떤 의미에서든 사회의 이익을 증진시키기 위해 존재한다는 것이고 다른 하나는 사회적 계약의 내용은 시대에 따라 변천하므로 기업과 사회 사이에 형성할 수 있는 바람직한 관계유형도 시대에 따라 변화하게 된다는 것이다.

 기업과 사회와의 관계를 하나의 계약관계라는 관점에서 보면 과거와 현재 사이에는 확실한 차이가 나타난다. 과거 자유시장경제로 특징지어질 수 있었던 초기 기업과 사회 간의 계약관계에서는 경제성장이 사회적인 모든 진보의 원천이며 사회성장의 추진력은 서로 경쟁하는 사적 기업의 이윤동기라고 생각되어 왔다.

 따라서 과거의 계약에 의하면 기업은 재화 및 서비스의 생산이라고 하는 기본적인 경제적 사명을 가지고 그에 따라 경제적 기능을 수행하기만 하면 되었으며, 그렇게 하는 것이 사회에 대한 최대의 공헌이었다.

그러나 자본주의가 고도화되고 사회가 다원화됨에 따라 사적이익의 극대화가 곧 공공이익의 극대화가 된다는 믿음이 도전을 받게 되었고, 이는 기업과 사회 간의 새로운 계약관계를 출현시켰다. 새로운 계약은 경제성장이 오히려 사회의 특정 부문 또는 전체사회에 사회적 비용을 전가시키는 부작용을 낳을 수 있다는 견해에 근거하고 있다.

즉, 경제성장과 사적이익의 증대가 반드시 사회의 복지수준의 증대를 의미하지는 않는다는 것이다. 그것은 많은 경우에 물리적 환경의 오염과 훼손, 사회의 특정집단의 피해와 위험, 불평등 분배와 상대적 빈곤, 도시의 범죄와 부패 등 여러 가지 사회적 병폐를 야기할 수 있다는 것이다.

따라서 기업과 사회의 새로운 사회적 계약은 기업의 이러한 사회적 비용들을 경감시키려는 노력들을 포함하고 있다. 새로운 계약은 과거의 계약을 무효화시키는 것이 아니고 그 토대 위에 사회전체적인 관점에서의 새로운 항목 또는 내용이 추가되어 형성된다. 그러므로 새로운 계약은 기업의 경제적·사회적 산출 모두에 대한 책임을 포함하고 있는 것이며, 이는 곧 기업의 사회적 책임의 개념과 연결된다.

2. 기업의 사회적 책임의 역사적 변천과정

기업의 사회적 책임에 대한 논의가 시작된 1930년대부터 1960년대 이전까지의 기간에서는, 기업의 역할은 경제적 부가가치의 창출이라는 주장이 대세였다.

경제학자 프리드만은 '기업의 유일한 책임은 경제적 이익을 내는

것이다'라고 이야기한 바 있고, 1930년대 미국의 대법원은 주주의 이
익 보호를 위해 사회에 대한 기부를 금하는 판결을 내리기도 했었
다. 그러나 기업의 영향력이 점차 커짐에 따라 기업에 대한 사회적
요구도 커지기 시작했는데, 공정한 거래와 납세의 정확한 이행, 환경
에 대한 고려 등 이윤 추구를 위한 과정에서의 법적·윤리적인 책임
을 강조하게 된 것이 그 결과였다. 최근에는 사회적 분위기도 기업
의 환경적인 책임과 더불어 기업의 자선적인 역할과 책임을 서서히
강조하는 분위기로 변화되고 있다.[19]

이렇듯 물질적으로 풍요로워지고 교육수준이 향상되면서 사람들은
더 이상 경제적 이익만을 추구하고자 하는 기업에 대해 절대적인 호
의를 나타내지 않게 되었다. 기업환경이 변하고 복잡·다양화되는
오늘날, 기업의 전통적인 기능인 기본적인 경제적 기능만 다하면 된
다고 하는 사고방식은 이제 더 이상 지배적이지 않기 때문이다.

기업 본래의 기능은 재화와 서비스의 생산이라고 하는 경제적 기
능인데, 기업이 이러한 경제적 활동에 참여하는 동기는 이윤추구 때
문이다. 그러나 기업은 이러한 이윤추구의 동기에 충실한 일만 하면
되며 여타의 기능 같은 것은 할 필요가 없다고 보는 시대는 지났다.

'기업은 대차대조표뿐만 아니라 사회적 책임감에 있어서도 관리를
해야 한다'라는 말이 있듯이, 기업은 경제적 기능을 다하는 것 외에
사회적 사명을 다하여야 한다는 생각들이 등장하기 시작했고, 이것
이 바로 기업의 사회적 책임이라는 것이다.

이후 1960년대 초반 기업의 사회적 책임을 강조하는 기류에 반발
하여 '기업 윤리'의 개념이 등장하였다. 기업윤리는 기업의 의사결정
에 있어서 기업이나 조직, 개인의 도덕적·윤리적 사고가 무엇보다
중요시된다. 그러므로 기업경영에 있어서 경영자나 종업원들의 행동

---

19) 정용수(2005), 앞의 보고서, p.3.

이나 태도의 옳고 그름을 가늠하여 바람직한 방향으로 나아가게 하는 규범의 성격이 강하다.

즉 기업윤리는 기업이 사회적 책임을 수행하는데 있어서 기업경영과 관련 없는 분야까지 관심을 갖게 된다. 이러한 기업윤리는 종업원 윤리와 경영자 윤리가 모두 포함되나 최근에는 경영자 윤리가 더욱 중요시되고 있는 상황이다.

유럽 기업의 경우 기업의 사회적 책임을 강조하는 신뢰경영이 중심을 이루는 반면, 미국 기업은 투자자의 이익을 보장하기 위해 투명한 경영방식이나 회계제도, 기업의 기부행위 등을 강조하는 기업윤리가 중심이 되고 있다. 특히, 정치·사회적으로 좌파의 영향력이 강하고 노동자들의 영향력이 중요시되는 유럽에서는 2차 세계대전 이후 꾸준히 기업의 사회책임에 대한 사회적 논쟁이 진행되고 있다.

즉 유럽에서는 기업, 노동자, 투자자, 정부, 사회단체 등 기업의 모든 이해관계자를 동등하게 중시하는 기업윤리 문화가 형성되어 왔던 것이다.

그러나 사회적 책임과 기업윤리 사이의 경계가 모호해짐에 따라 1970년대에 이르러 사회적 반응의 개념이 등장하게 되고 기업윤리와 사회적 책임이 각각 개별적이 아닌 통합적인 개념에서 사용하게 되었다.

3. 국내에서의 사회적 책임에 대한 논의과정 및 실천현황

최근 들어 윤리경영에 대한 국내기업들의 관심이 크게 증가하고 있다. 전경련의 조사에 따르면 2001년 조사대상 기업(전경련 회원사 및 상장기업 500개사)의 45.2%가 기업윤리헌장을 채택한 것으로 나타나 지난 1999년의 21.8%에 비해 크게 늘어났으며, 30대기업은 69.4%가 윤리헌장을 제정한 것으로 나타나 1999년의 33.3%에 비해 역시 크게 증가했다.

〈표 4〉 국내의 기업윤리헌장 제정 현황

구 분	1999년(%)	2001년(%)
전체기업	21.8	42.3
30대기업	33.3	69.4

주: 전경련 회원기업 및 상장기업 중 500개사를 대상으로 2001.6.4~6.30까지
    조사한 결과
자료: 전경련(2001), "기업윤리헌장 제정 및 실태조사결과"

특히 위의 조사에서는 윤리강령의 제정이유로 수익성과 생존전략을 지적한 기업의 비중이 1999년의 약 7%에서 약 30%로 나타나 윤리경영이 사회적 책임의 수행이라는 당위성을 떠나 점차 경쟁전략 차원으로 인식되고 있음을 보여주고 있다.

그러나 국내의 윤리경영 도입은 아직 초보적 수주에 머물러 있다. 윤리경영에 대한 변화 추세를 인식하고는 있으나 시급한 경영과제로 받아들이지는 않고 있는 것이다. 실제로 스위스의 국제경영개발원 (IMD)에서 발표하는 국가경쟁력 순위에서도 국내기업의 윤리경영과 관련된 지표는 2001년 전체 49개국 중 39위를 차지하여 외국인들 역시 국내기업의 윤리경영 수준에 대해 높은 점수를 주지 않는 것으로 나타났다.

〈표 5〉기업의 사회적 책임지표의 국가경쟁력 순위(2000~2001년)

	기업인 신뢰		윤리 경영		사회적 책임		전체 순위
	2000	2001	2000	2001	2000	2001	2001
싱가포르	1	3	6	8	5	7	2
홍 콩	13	10	24	19	31	22	6
대 만	26	14	26	25	23	16	18
한 국	45	47	38	39	39	40	28

주: 2000년은 총 47개국 중, 2001년은 총 49개국 중 순위임
자료: IMD, The World Competitiveness Report, 2000, 2001

기업 차원과 더불어 국내 사회 차원에서도 최근 외환위기 이후 기
업에 대한 국민들의 기대심리가 더욱 높아지고 PL법(제조물책임법)
발효, 주주대표소송 등의 제도가 정비되면서 이해관계자들의 영향력
이 증대하고 있다.

특히 인터넷의 확산으로 소비자들이 불만사례를 쉽게 공유하고 안
티사이트 등을 통해 집단행동을 도모하는 사이버파워가 형성되면서
기업활동에 큰 부담으로 작용하고 있다. 또한 기업에 대한 국민들의
기대심리가 더욱 높아지면서 사회통념에 어긋나지 않는 경영을 요구
하는 목소리가 높아지고 있으며, 이에 따라 법률적으로는 문제될 것
이 없는 경영활동조차도 국민정서와 충돌하여 사회적 물의를 일으키
고 지탄의 대상이 되는 경우가 종종 발생하고 있다.

따라서 현재 국내기업들은 기업의 법적·경제적 책임을 넘어서 사
회적 책임을 깨닫기 시작하는 단계로 평가받고 있다.[20]

다음에서는 국내에서의 사회적 책임의 실천현황을 살펴보기 위해
서 기업의 사회적 책임과 관련된 국내 여러 기관들의 동향과 실천
내용에 대해 살펴보기로 한다.[21]

---

20) 이상민, 최인철(2002), 앞의 보고서, pp.26-27.

1) 산업자원부

현재 국내에서는 산업자원부를 중심으로 기업의 사회적 책임에 대한 법제화 방안이 추진 중에 있다. 산업자원부는 한국형 CSR 성과보고서를 개발하여 기업의 CSR 보고에 대한 평가 시스템 구축을 적극적으로 검토하고 있는 것이다.

이러한 기업의 CSR 보고에 대한 평가 시스템이 구축되면 CSR 모범기업에게 'CSR 우수기업'이라는 라벨(Label)을 부착하는 CSR Labeling 제도가 도입될 수 있으며 금융대출 시, CSR 우수기업에 대한 우대금리 적용 등의 인센티브 제도가 가능해진다. 또한 산업자원부는 사회적 책임투자(SRI)의 도입을 검토하고 있는데 이는 중·장기적으로 연·기금 투자를 SRI 펀드로 전환하는 것을 추진하기 위함이다.

〈표 6〉 기업의 사회적 책임 관련 산업자원부 법제화 추진(안)

1 안	2 안
• 「산업발전법」개정시 반영 - 제2장 "산업의 경쟁력 강화"부분에 CSR관련 규정 신설 (법조문 안) 제9조 산업자원부 장관은 산업의 지속가능한 발전을 지원하기 위해 기업하기 좋은 환경을 조성하는 한편, 기업이 사회적 책임을 다할 수 있는 시책을 발굴·보급하여야 한다. (예시내용): CSR 우수사례 발굴·보급 (표준화, labeling, 포상), 사회보고제도 도입 등	• 「기업책임법」(가칭) 제정 - CSR 촉진을 위한 별도의 특별법 제정

자료: 「지속가능한 국가발전을 위한 "기업의 사회적 책임(CSR) 확산 추진 기본계획(안)」, 산업자원부(2005)

---

21) 김현수(2006), 앞의 보고서, pp.13 - 15.

2) 금융감독원

금융감독원은 국내 은행에 대한 사회적 신뢰도를 제고하고 국민경제·사회와의 공동발전을 도모한다는 취지로 국내은행의 사회적 책임 경영 강화를 추진 중에 있다.

그 내용을 살펴보면, 사회적 책임경영 전담조직의 설치, 국제규범 가입 등의 인프라 구축과 재무 및 손익, 자금의 조달과 운용, 조직 및 인력 등에 관한 사회적 책임보고서 발간을 권고하고 은행권이 자체적으로 사회적 책임경영 및 공표에 대한 모범규준을 마련하도록 유도하는 등의 책임경영 공표가 있다.

또한 휴면예금의 적극적인 반환을 유도하고 불공정 소지가 있는 금융거래를 근절시키고 금융소비자 권익 보호에 적극적인 자세를 취하는 대고객 윤리경영과 중소기업금융 확대를 위해 미래의 채무상환 능력 등 정성적 정보에 기초하여 대출하도록 하는 관계형 대출(Relationship Banking)을 추진 중에 있다.

3) 한국표준협회

〈표 7〉 ISO SR 표준화 작업반 국내 참여현황

구 분	소 속	비 고
CAG(Chairs Advisory Group)	소비자 시민모임	
TG 1(Funding and stakeholder engagement)	한국표준협회	
TG 6(Guidance on core SR subject / issues)	한국노총	
TG 7(Guidance for organization on Implementing SR)	유한킴벌리, 영국브뤼넬대학교	

자료: 제2차 ISO SR 작업반 회의결과 보고, SR표준화 포럼('05.12)

ISO의 SR 표준화 작업에 대해서는 ISO의 한국 파트너인 한국표준협회(KSA)를 중심으로 대응하고 있다. 지난 2005년 6월, 한국표준협회, 기술표준원, 산업자원부가 공동으로 참여하는 'SR 표준화 포럼'을 출범시켜 국제표준화기구의 기업의 사회적 책임관련 표준화 동향에 대응하고 있다.

4) 한국공정경쟁연합회

한국공정경쟁연합회는 1999년 11월, 민간주도의 자율적인 공정경쟁 풍토를 조성한다는 취지로 발족된 단체로 2004년 한국공정거래협회에서 명칭이 변경된 것이다. 이 단체는 교육사업, CP 컨설팅을 통해 기업의 자율적 공정거래 준수를 위한 활동을 하고 있다.

한국공정경쟁연합회의 주도로 '공정거래질서 자율준수 위원회'가 2001년 3월에 발족되었는데 이 위원회는 기업이 스스로 공정거래규범을 지켜 나가자는 취지로 기업인, 사업자단체, 학계·연구기관, 법조계, 시민단체가 공동으로 참여하여 만들어졌다.

이 위원회에서는 하도급, 내부거래 등 자율적 공정거래 실천을 위한 '공정거래 자율준수규범'을 2001년 7월 선포하여 기업의 자율적 실천을 강조하였고 공정거래자율 실천 편람, 홈페이지 운영 및 교육, 공정거래 자율준수 결의문 채택, 공정거래 자율준수 관리자 임명 등을 통해 기업 스스로 공정거래 자율실천을 강조하고 있다.

또한 한국공정경쟁연합회에 의하면 2005년 12월 현재, 대기업을 중심으로 257개의 기업이 '공정거래 자율준수 프로그램'을 도입하여 운영하고 있다고 한다.

2005년 12월 기준으로 공정거래 자율준수 프로그램 도입현황을 살펴보면, 제조·일반 업종의 기업들이 총 74개 기업이 도입하고 있으며, 특수판매 업종이 66개 기업, 유통업종이 31개 기업, 전기·전자 업종이 25개 기업이 이 프로그램을 도입하여 운영하고 있는 것으로 나타났다.

위에서 살펴본 바와 같이 기업의 사회적 책임에 대한 사회 및 기업의 인식이 변화되는 과정을 겪고 있는 국내의 경우, 기업을 둘러싼 외부환경의 영향력이 증대되고 있는 상황과 맞물려 지속가능한 성장을 위해서 기업 스스로가 사회적 책임활동의 수행을 점차 높여가고 있는 실정에 있다 하겠다. 하지만 다른 선진국들에 비해서는 여전히 기업의 사회적 책임에 대한 인식이나 실천이 부족한 상황이다.

제3장

경제정의지수

1. 경제정의지수의 개념

경제정의지수(KEJI Index)는 경실련 경제정의기업상의 평가기준으로서 매년 거래소에 상장된 제조기업을 대상으로 기업의 사회적 성과를 계량적으로 평가하여 최우수 기업에 시상함으로써 우리나라 자본주의의 건전한 발전에 기여하고자하는 목적을 갖고 있다.

또한 경제정의지수의 이상은 기업들이 법률과 행정적인 제도로서 요구받는 사회적 성과를 다하고 있는지를 감시하고 객관적으로 평가하여 기업들에게 사회적인 책임이행의 동기부여를 하고자 하는 데에 있다. 더 나아가 우리 사회가 기업내부의 자발적인 동기에 의해 사회적 책임을 다하는 보다 많은 기업들을 가지게 되는 것이 궁극적인 목적이다.

2. 경제정의지수의 개발

지난 1990년에 경제의 균형 성장과 공정 분배를 표방하고 각 대학의 경영·경제·사회·법률학 등 교수들과 변호사·회계사 등 50 여 명으로 발족되었던 경제정의연구소는 1990년 3월초 경제정의연 구소에서 초대 사무국장으로 일하게 된 김홍권 前 부소장의 제안으 로 경제정의지수에 의한 경제정의기업상을 위한 연구 사업을 채택하 게 되었다.

기업은 무엇보다도 이해관계자를 포함한 사회 구성원들의 삶의 질 을 높이는 데에 노력하게 된다. 이러한 기업의 노력은 기존 기업들 의 이윤 극대화 추구에서 사회 공동체로의 공공선 극대화로의 변화 로 볼 수 있다.

그러던 중에 기업의 사회적 성과 평가 시스템의 개발과 더불어 이러한 좋은 잣대를 통하여 기업들을 평가함으로써 사회의 공동체의 질 제고와 홍보 극대화라는 새로운 의미를 담게 되었다.

다시 말해서, 우리 사회에서 가장 신뢰받는 기업을 선정하여 시상 함으로써, 수상기업의 경영자는 물론 전 임직원들에게 긍지를 심어 주고 아울러 전 국민에 대한 홍보를 통하여 기업의 사회적 책임을 부각시켜 궁극적으로 정의로운 사회를 구현하고자 제정·운영하자는 것이 경제정의지수의 개발 동기라 할 수 있다.

1991년도에 경제정의연구소에서는 변화된 기업환경에 부응하여 기 업의 사회적 책임 수행 정도를 종합적으로 볼 수 있는 '존경받을 수 있는 기업평가 모형'을 개발하여 편의상 연구소의 이름에 맞춰 '경 제정의지수(KEJI Index)'로 명명하여 이것을 기업의 윤리지수 또는 사회적 책임 지수의 잣대로 삼았다.

이 경제정의지수의 정신은 한국 자본주의의 건전한 발전을 위하여 국민으로부터 사랑과 존경을 받는 기업상을 정립하고자 하는 것으로 요약할 수 있다. 한국 경제가 발전하고 그에 따라 21세기에 선진국 으로 발돋움하기 위해서는 국민으로부터 존경받는 정의로운 기업이 많아져야 한다는 신념에 그 기초를 두고 있는 것이다.

또한 국내에서 평가 받고 뿌리를 내린 국민적 기업은 전 세계적으로도 평가받고 성공할 수 있다는 확신도 가지고 있었다. 이에 경제정의지수는 어떻게 하면 사회적 책임을 다하며 발전하는 국민적 기업이 될 수 있는 가를 형상화하려는 노력의 하나이며 그렇게 함으로써 그 동안 기업에 대한 사회 일반의 부정적 시각을 바로잡고 기업과 근로자·소비자로 구성되는 사회 공동체의 신뢰와 활력, 그리고 무한한 발전을 도모하고자 하는 데 그 목적이 있다.

3. 경제정의지수의 평가방법과 평가항목

측정 및 평가방법은 사회공동체적 성과를 반영하는 기업활동의 건전성 및 공정성, 사회봉사기여도, 환경보호만족도, 소비자보호기여도, 기업의 종업원만족도, 경제발전기여도 등 7개 부문 60개 평가지표에 대하여 각 지표의 측정척도에 따라 평가한다.

당년 실적을 원칙으로 하되, 보편성 등의 문제가 있을 때에는 몇 년간 누적자료도 참고로 하고, 고려사항들은 자료원천을 사용하는데 있어 예외적이거나 특별한 경우 또는 자료부족일 경우에 우신 적용한다.

가중치의 총점은 1,000점으로 분석하고, 그 배점은 일차적으로 검증된 자료들인 '자료원'에 대해 신뢰성, 즉 추정치가 동일하게 들어가 있는지 자료원천에 대한 확신의 정도와 중요성, 즉 평가목적에 얼마나 기여해 주는가의 정도, 그리고 개념에 대해서 얼마나 표현에 충실했는지의 정도를 나타내는 타당성, 마지막으로 차별화여부에 대한 일반성 등에 따라 전문가들의 의견을 수렴하여 배분하고 있다.

경제정의지수에 사용되는 각 항목들은 다음과 같다.

1) 건전성

기업의 건전한 경영활동의 내용을 평가하기 위해서 KEJI 지수는 주주구성의 건전성과 투자지출의 건전성, 영업활동의 건전성, 자본조달의 건전성 등을 평가항목으로 삼고 있다.

주주구성의 건전성 항목의 대표적인 지표로 사용되고 있는 내부지분율은 (내부지분주식 수 / 총발행주식 수) × 100으로 구해지며 표준화방식을 적용하여 평점화 시킨다. 가중치는 4점이 주어지며 낮을수록 양호함을 나타낸다. 또한 기업의 보유부동산과 이른바 '접대비'와 같은 소비성 지출에 대한 투자지출의 건전성도 평가항목에 포함되어 있다.

<table>
<tr><th colspan="2" align="center">〈표 8〉 경제정의지수 평가항목</th></tr>
<tr><th>평가항목</th><th>평가지표</th></tr>
<tr><td>건전성</td><td>주주구성, 투자지출, 자본조달의 건전성</td></tr>
<tr><td>공정성</td><td>공정성, 투명성, 협력관계</td></tr>
<tr><td>사회봉사</td><td>소외계층 보호, 사회복지 지원</td></tr>
<tr><td>소비자보호</td><td>소비자 권리보호, 품질, 광고</td></tr>
<tr><td>환경보호</td><td>환경개선노력, 환경개선결과, 위반 및 오염실적</td></tr>
<tr><td>종업원</td><td>산업재해, 인적자원투자, 임금 / 복지후생, 노사관계, 남녀고용평등</td></tr>
<tr><td>경제발전</td><td>연구개발노력, 경영성과 및 경제기여</td></tr>
</table>

투자지출의 건전성은 (접대·기밀비 / 인건비) × 100으로 계산되어 평가되며, 가중치는 3점으로 역시 낮을수록 양호함을 나타낸다. 또한 (대주주 관련 임원 수 / 총 임원 수) × 100으로 계산되어지는 전문경

영인 정도도 평가되어진다.

다음으로 자본조달의 건전성 평가항목으로는 자본구성의 안정성 정도를 파악하게 해주며 부채가 자기자본 중 어느 정도를 차지하고 있느냐 하는 비율을 나타내는 위험성과 기업이 금융기관으로 대출이나 지급보증을 받을 때 그룹 내 다른 기업이 채무를 보증하는 행위를 나타내는 상호지급보증에 대해 평가한다.

2) 공정성

공정성 항목에서는 대기업들의 경제력 집중, 시장지배 지위남용, 부당한 공동행위, 불공정거래행위, 부당한 내부거래, 언론사와 광고사 보유 현황과 같은 공정성과 불성실 공시, 내부자 거래, 사업보고서나 감사보고서의 허위기재와 같은 위반 사항이 있는 지 여부를 평가하는 투명성, 그리고 대기업의 중소기업 고유 업종 침해사례 여부와 이들 기업들과의 협력관계 등을 평가하고 있다.

그 외에도 (사외이사 / 등기임원) × 100으로 평가하는 사외이사비율과 사외이사의 이사회활동 여부도 평가한다.

3) 사회봉사

사회봉사항목에서는 장애인 고용, 고령자 고용, 여성채용 비율, 소외계층에 대한 복지지원과 같은 사회복지와 기부금, 지역사회지원, 시민단체 지원과 같은 사회지원을 평가하고 있다.

사회복지의 책임측면에 있어서 1차적인 책임은 정부에 있으며, 기업이 정부의 역할을 대체할 수는 없을 것이다. 그러나 정부가 본격

적으로 움직이기 전에 기업이 자발적인 사회봉사를 통해서 사회적인
필요를 충족시키는 것은 상당히 필요한 활동으로 판단된다.

특히, 성장과정에서 정부나 국민들로부터 지원과 특혜를 받았다는
인식이 널리 퍼져 있는 한국사회에 있어서 대기업들의 적극적인 사
회복지 참여노력은 국민들의 불만을 완화하는데 상당히 도움이 될
수 있을 것이다. 따라서 사회봉사에 대한 평가는 다른 항목들 못지
않게 중요하다고 할 수 있다.

4) 소비자보호

오늘날의 기업과 소비의 대형화에 따라 기업의 판매촉진을 위하여
생산과정이나 상품에 대한 정확한 정보는 숨겨둔 채 사업자의 일방
적인 선전이나 광고에 의하여 상품이나 품질을 판단해야 한다면 소
비자는 시장에서 기업들에게 종속되지 않을 수 없다. 그리하여 소비
자들이 상품이나 서비스를 구입, 사용, 소비하는 과정에서 생명이나
신체의 안전을 침해받거나 부당한 가격 등에 의해 재산상의 손실 등
경제적인 불이익이 초래되는 경우가 많다.

따라서 국가는 시장기능을 회복하여 소비자주권을 실현하고, 소비
자거래의 공정성을 확보하며, 나아가 소비자의 피해를 구제하기 위
한 제도를 마련하는 등 여러 가지 방면에서 소비자보호를 위해 노력
하고 있으며 아울러 최근 많은 기업들도 고객만족운동을 경영목표로
두고 소비자보호에 기여하고 있다.

이 항목에서는 소비자에 대한 기업의 거래수준을 측정하는 기업예
산과 조직, 품질, 가격, 광고, 계약 등의 항목을 중심으로 평가하고
있다. 평가내용 중 몇 가지를 소개하면 다음과 같다.

소비자보호 및 만족도 항목에서는 공산품 사후 봉사 우수기업 및

서비스 품질 우수기업 인증 유무를 평가하고 품질관련 인증 건수를 평가한다. 또한 광고비를 과다하게 지출하고 있는 지를 (광고선전비＋판촉비) / 부가가치를 이용하여 평가하고 있다.

5) 환경보호

최근에 환경보호에 대한 중요성이 커짐에 따라 이에 대한 인식이 사회 전반적으로 높아지고 있다. 그러나 기업활동의 과정에서 나타난 환경파괴는 기업의 후퇴로 직결될 것으로 예상되는 만큼 기업활동에 대한 향후 지향점을 담보할 수 있는 측면에서 환경보호 만족수준을 평가하는 것은 매우 중요하다. 그것은 결국 기업의 경쟁력인 동시에 국가경쟁력을 동시에 수반하는 것이기 때문이다.

이 항목에서는 기업의 환경개선노력과 환경개선의 결과, 그리고 환경관련 법률위반 및 오염실적 등을 평가한다. 환경회계 공시유무를 평가하고, 에너지 절약마크, 에너지 자발적 협약 채택여부 등의 에너지 효율성을 평가하고, 환경관련 인증 및 수상여부를 평가한다.

6) 종업원

모든 종업원은 직위와 성에 관계없이 공정하게 대우받아야 하고 기업은 이들의 의사를 존중하고 인간적인 관계를 갖추어야 한다. 따라서 모든 기업은 능력에 따라 봉급을 지급하고 성차별이 없는 공정한 인사제도와 교육훈련제도를 실시해야 할 책임이 있고, 복지기금을 통한 종업원 복지향상과 종업원 지주제를 정상적으로 운영하고 작업환경개선을 통해 후진국형 산업재해를 획기적으로 개선할 필요가 있다.

이러한 필요성에 따라 경제정의지수에서는 교육훈련비 / 종업원 수를 이용한 1인당 교육훈련비와 (당교육훈련비 / 전교육훈련비) × 100을 이용하여 교육훈련비 증가율을 평가한다. 또한 (인건비 / 부가가치) × 100식을 이용하여 임금보상체계를 평가하고 (복리후생비 / 부가가치) × 100식을 이용하여 기업의 복지 후생관련 부분을 평가하고 있다.

7) 경제발전

경제발전을 위한 기술혁신 기여도로써 평가항목의 대표적인 지표는 투입부분인 "연구개발노력"과 "연구개발성과", "고용창출" 및 "대외교역" 부문을 측정한다.

기술혁신은 사회적 성과와 관련해서 평가되는 것으로 순수사회적 성과를 고려할 때는 평가항목의 비중이 점차 낮아지고 있는 추세이나 연구개발 및 부가가치 등 고용창출의 일부 기업의 장기적 가치창출에 있어 반영되는 방향으로 평가항목들이 구성되어 있는 것이 특징이다.

이 부문에서는 연구개발 지출, 수익성, 성장성, 설비투자, 고용인력 증가율, 조세납부, 배당성향, 노동생산성 증가율, 수출비중 등의 평가항목들이 있다.

이상과 같은 평가항목들을 중심으로 국내 제조기업들을 대상으로 평가하게 되는데 먼저 정부의 기업 관련 정보와 감사보고서, 언론 등의 공적 자료를 이용하여 정량적(quantitative)으로 분석을 수행한다. 정량적 분석 결과를 토대로 평가 기업의 수를 적정하게 줄인 이후 평가기업을 대상으로 하는 설문지 평가방식을 통한 정성적(qualitative) 분석을 2차적으로 수행하여 종합적인 평가를 수행하고 있다.

4. 역대 평가항목들의 특징과 변화

  1991년도에 기초적인 기업평가 모형을 만들어 학계·언론계·정부·기업·노동계·소비자 단체·문화계 등 각계의 다양한 의견을 수렴하여 평가모형을 창출하여 3회 이상의 공청회 등 부분적인 수정을 통해서 조금 더 합리적인 접근을 위하여 노력하였다.

  역대 경제정의지수에 의한 평가 모형에 대한 특징들을 살펴보면 다음과 같다.

  1회의 경제정의지수 모형은 3대 평가항목(기업건전성(46.1), 복지환경(30.8), 고용 기여도(23.1))으로 구성되었다. 이것은 기업의 3대 성과 영역으로 경제적 성과(이익), 사회 공동체적 성과(사회적 책임) 및 경영 공동체적 성과(종업원 복지)에 대한 성과 지표를 측정하도록 구성된 것이다.

  다시 말해서 경제정의지수 기업평가 모형은 이상의 경영·경제적 성과와 사회적 성과를 포함한 종합적인 기업평가 모형이나, 사회적 성과를 강조한 경제정의지수와 여기에 기존의 경영·경제적 성과와 기술혁신 기여도 등을 포함한 경제정의지수로 구성됨으로써 경제적 가치 창출을 평가하는 기존의 제한적인 틀에서 벗어나 사회 공동체적 가치창출이라는 면을 강조한 평가모형이라고 할 수 있다.

  2회는 5대 평가항목(종업원 기여도(20), 기술혁신 기여도(20), 환경 기여도(10), 기업활동의 공정성·건전성(40), 사회복지 기여도(10))등을 반영한 54개 지표를 기준으로 국민으로부터 존경받는 기업상을 모형화하였다.

  3회 이후부터는 7대 평가항목(기업활동의 건전성(20), 기업활동의 공정성(10), 사회봉사 기여도(10), 환경 기여도(10), 고객만족 기여도(7), 종업원 기여도(15), 경제발전 기여도(28)) 총 64개 평가지표로 구성하게 되었다.

이때 자료의 신뢰성, 중요성, 타당성, 일반성 개념을 도용하여 지표에 대한 질적 특성을 반영토록 하였으며, 환경 기여도와 고객만족 기여도는 업종별로 상대 평가방식을 처음 시도하였다. 추가 7개 고려 항목을 포함한 64개 지표는 33개의 법적 지표, 21개의 윤리적 지표, 10개의 임의적 지표 등의 성분으로 구성되어 있다.

이것은 5년간 7대 평가항목의 골격을 그대로 유지시켜 오다가 IMF 구제금융 등 기업환경의 변화로 인하여 8회부터 다시 6대 평가항목(사회봉사 기여도와 소비자 보호 기여도 통합)으로 조정되어 평가가 이루어졌다. 꾸준히 지표의 변별력과 신뢰성을 강조하였고, 초기 28개의 평가지표에서 7회는 62개의 평가지표들이, 9회와 10회는 45개의 평가지표로 평가되기도 하였다.

11회 평가모형에서는 다시 7대 평가항목(46개 평가지표, 6개의 고려지표)으로 복귀되었고 정략적 평가와 정성적 평가를 구분하여 단계적으로 평가하였다.

그 평가의 성과들은 경제정의지수 평가 모형 존재 자체가 기업들로 하여금 건전하고 정의로운 활동을 영위하도록 선도하는 역할을 지니고 있으며, 경제정의기업상을 통해 정의로운 기업을 홍보·확산시키고자 함은 물론 일반 시민들의 기업에 대한 부정적인 고정 관념을 개선하는데 기여하는 성과를 지니고 있다.

각종 정부자료를 개발·정비·공개하도록 하는 한편 그 질을 향상시키는 계기를 마련하고, 여러 시민사회단체들로 하여금 보다 객관적이고 과학적인 자료를 바탕으로 한 합리적인 시민운동을 전개할 수 있도록 하는 데 또한 성과가 있는 평가지표들이 되도록 노력하였다.

5. 경제정의지수에 의한 기업평가 결과

1회부터 16회까지 대상수상 기업들이 업종의 전체 기업수를 고려할 때 고르게 분포되었는지를 살펴보면 다음과 같다.

아래의 표를 통해 알 수 있듯이, 수상기업의 업종별 분포를 보면 비제조 / 서비스 업종의 경우 대상수상 기업이 전무후무한 상황이나, 다른 업종의 경우 5.6% - 7.8%로 일정비율 범위 이내에서 수상을 한 것으로 나타났다.

〈표 9〉 대상 수상기업의 업종별 분포

업 종	업종별 기업수	대상 수상기업(회차)	합 계	업종별 기업수 대비 비율
식약 / 섬유 / 종이업	72	유한양행(7) 한미약품공업(8) 퍼시스(10) 제일모직(16)	4	5.6%
금속 / 비금속 / 화학업	84	한국유리공업(1) 포항종합제철(3) 한일시멘트(6) 태평양(11) 포스코(14)	5	5.9%
전기전자 / 기계업	77	삼성전자(2) 제일엔지니어링(4) 대덕전자(5) 대덕전자(9) 삼성SDI(12) 대덕GDS(13)	6	7.8%
비제조 / 서비스업	78		0	0%
전 체	311		15	4.8%

* 업종별 기업 수 및 수상기업의 업종에 따른 분류는 2006년을 기준으로 함.
** 15회에서는 대상 수상기업이 없었음.

구체적으로 식약 / 섬유 / 제조 업종과 금속 / 비금속 / 화학 업종이 5.6~5.9%로 비슷한 비율을 나타내고 있으며, 전기전자 / 기계 업종이 7.8%로 상대적으로 높은 비율을 나타내고 있다. 따라서 비제조 / 서비스 업종을 제외하고는 업종별로 대상기업 모집단 대비 수상기업의 수가 균형을 이루고 있는 것으로 평가된다. 여기에서 비제조 / 서비스 업종에서의 수상기업이 없는 이유는 경제정의지수가 1회부터 제조업체를 중심으로 기업의 사회적 성과를 종합적으로 평가해 왔기 때문으로 사료된다.

경제정의연구소의 경제정의지수를 활용한 기업의 사회적 성과평가는 16회에 걸쳐 기업이 경제적 가치와 非경제적 가치, 그리고 기업 내부와 사회와의 관계에서 균형 잡힌 가치를 추구하고 있는지를 평가하고 있다는 점에서 그 의의가 있다.

지난 16년간의 평가를 분석한 결과, 경제정의기업상은 특정한 업종이나 규모에 치우지지 않고 고른 영역에서 수상기업을 선정하여 왔으며, 기업의 사회적 성과를 평가하는 다른 평가모형이나 시상제도의 기준에 비교하여 다양한 평가지표와 완결적인 지표형태를 가지고 있는 것으로 나타나고 있다.

그러나 벤처기업이나 금융권 업종 등에 대해 사회적 성과의 잣대를 어떻게 적용할 것인지와 함께 지속적인 지표 정교화 작업과 지표 타당성 검토를 어떻게 실시해 나갈 것인가 등은 향후 개선과제라고 할 수 있을 것이다.

제4장

기존문헌 연구

기업의 사회적 책임에 대한 관심은 이미 19세기 기업의 재량행위 확산 및 1920년대 중반 복지자본주의 개념의 등장과 함께 대두되었으며, 1930년대 경제 불황기를 거쳐 사회·환경 및 사회가치의 현저한 변화가 일어난 1950년대에 이르러서 본격적인 중요성을 지니게 되었다.[22]

이러한 기업의 사회적 책임에 대한 사회적 관심이 증대됨에 따라 학자들에 의한 연구가 많이 진행되어 왔으며 이번 절에서는 몇몇 학자들에 의한 기업의 사회적 책임에 대한 정의들과 기업의 사회적 책임에 대한 기존 학자들의 실증분석 결과들을 살펴보도록 한다.

1. 기업의 사회적 책임 정의에 대한 기존문헌 연구

기업의 사회적 책임은 1953년 보웬의 「기업인의 사회적 책임(Social Responsibility of the Businessman)」을 통해 본격적인 논의가 이루어졌다. 이 저서를 통해서 보웬은 기업인은 우리 사회의 목표나 가치

---

22) Frederick, W.(1994), "From CSR 1 to CSR 2: the Maturing of Business and Society Thought," *Business & Society*, 33(2), pp.150-166.

적 관점에서 바람직한 정책을 추구하고, 그러한 의사결정을 하거나 그러한 행동을 쫓아야 한다고 정의하였다.

또한 Ells and Walton(1961)은 기업의 사회적 책임은 기업의 활동 으로 인해 발생하는 문제의 관점 및 기업과 사회의 관계를 지배하게 되는 윤리원칙의 관점에서 생각해야 한다고 주장하였다.

그리고 1963년 McGuire는 기업은 사회에 대해 경제적·법적인 의 무뿐만 아니라 전체 사회에 대해 책임져야 하며, 기업이 사회에 대 해 책임을 지는 형태로서의 기업의 사회봉사를 특히 강조하고 있다.

이 후, Sethi(1979)는 McGuire의 관점에서 보다 더 나아가 기업의 사회적 책임은 사회·환경문제를 해결하고 윤리원칙을 준수하는 것 이라고 간주하고, 궁극적으로 기업은 법률적, 경제적 의무를 넘어서 사회적 규범이나 가치, 그리고 사회적 기대와 조화를 이룰 수 있는 기업행위라고 정의하였다.

Sethi의 기업의 사회적 책임에 대한 시각은 보웬에 의한 사회적 책임에 대한 본격적인 논의 이후 약 20여 년 동안 지속된 학문적 논의를 체계적으로 정리한 Carroll(1979)의 "기업 수행의 3차원 개념 모델"에서 체계화되었다. 이 모델에 따르면, 기업의 사회적 책임은 주어진 특정 시점에서 사회가 기업에 대하여 가지고 있는 경제적·법 적·윤리적 기대를 모두 포함한 구성적인 개념이다. 즉 기업은 경제 적 이윤창출, 법률준수, 윤리적 책임, 재량적 책임 등의 네 가지의 책임을 가지고 있다고 이 모델은 설명하고 있다.

여기서 '경제적 책임'은 기업의 사회적 책임 중 제1의 책임을 말 하며, 기업은 사회의 기본적인 경제단위로서 재화와 서비스를 생산 할 책임을 지고 있다는 의미를 지닌다.

둘째 '법적 책임'이란 사회는 기업이 법적 요구사항의 구조 내에 서 경제적 임무를 수행할 것을 요구한다는 것을 뜻한다.

셋째 '윤리적 책임'이란 법으로 규정하지는 못하지만 기업에게 사회의 일원으로서 기대하는 행동과 활동들을 의미한다.

마지막으로 '재량적 책임'이란 기업에 대해서 명백한 메시지를 갖고 있지 않지만 기업의 개별적 판단이나 선택에 맡겨져 있는 책임으로서 사회적 기부행위, 약물남용방지 프로그램, 보육시설의 운영, 사회복지시설 운영 등의 활동들을 포함하는 것이다.

따라서 사회적 책임을 가지는 기업이란 이윤을 내기 위해 노력하는 동시에 법을 준수하고, 윤리적이고 성실한 기업시민의 역할을 다하는 것이라고 할 수 있다.

이상을 정리하면, 기업의 사회적 책임은 기업의 이익과 관련 이해관련자 및 사회전체의 이익을 동시에 추구하는 행위규범을 정하고 그에 따라 기업의 의사결정 및 활동을 하는 책임이라 할 수 있다.

다음으로 Wood[23]는 Carroll의 네 가지 사회적 책임 요소에 대해서는 일치된 주장을 하지만, Parsons의 사회체계 기능 요건들을 근거로 기업의 사회·제도적 기능이 단순히 경제적 기능에 머무르지 않는다고 주장하고, 기업은 실제로 경제적 기능과 동시에 사회 통합, 사회적 유형 유지, 목표 지향 기능을 동시에 수행하는 다기능 사회조직으로 간주하였다.

따라서 그는, 이러한 기업의 다기능성을 고려하여 기업의 사회적 정체성과 그에 따른 기업의 사회적 책임 요소의 우선순위를 Carroll과 다르게 규정하였다. 즉, 기업이 윤리적·사회적 책임에 대한 이행 없이 경제적 책임만을 최우선시하는 것은 정당치 못하며, 기업이 사회적 존재 가치를 인정받기 위해서는 경제적 이윤을 창출해야 하나 이윤의 창출은 도덕적으로나 법적으로 정당한 방법에 의한 것이어야

---

23) Wood, D.(1991), "Corporate Social Performance Revisited," *Academy of Management Review*, 16(4), pp.691–718.

한다는 것이다.

따라서 윤리·도덕적·법률적 책임을 보다 우위에 놓음으로써 기업으로 하여금 이윤을 추구하되 도덕적·법률적 측면에서 할 일을 다 하면서 이윤을 극대화시키도록 요구하였다. 여기서 더 나아가 그는 Carroll이 기업의 사회적 책임의 마지막 단계로 분류한 재량적 책임을 재해석하여, 이는 사회단체에의 기부 행위를 의미하는 것이 아니라 경영인 개개인이 갖고 있는 의사결정권을 사회적으로 책임 있는 방향으로 행사하는 것으로 파악하였다.

다음으로 기업의 사회적 책임의 정의에 대한 국내 학자들의 기존 문헌들을 살펴보면 다음과 같다.

우선, 강영철(1996)[24]은 Wood의 주장에 대해 동의하면서, Carroll의 모델은 이윤추구가 기업의 당연한 일차적 의무라고 보는 전통적인 기업관에 근거하기 때문에 단순히 기업 일반의 사회적 책임에 대한 접근 방식을 묘사한 것에 불과할 뿐, 기업의 사회적 책임에 대한 사회의 욕구가 한층 진전되고 있는 오늘날의 기업들의 의식을 제대로 반영하지 못하고 있다고 비판하였다.

그에 따르면, 기업은 개인의 집합체인 만큼 경영자 개개인은 사회 조직원으로서의 개인적 책임, 곧 사회의 도덕률에 따라 행동할 책임이 있다. 따라서 기업의 경영 행위에서 잘잘못은 결국은 재량권을 갖고 의사 결정을 하는 경영인에 최종적으로 귀결된다고 주장하였다.

또한 이우광(1997)[25]은 기업의 사회적 책임을 기본적인 책임인 법적·윤리적 책임, 존재 이유로서의 경제적 책임, 주위로부터 존경받을 수 있는 사회공헌 책임으로 분류하고, 한국의 기업은 기본이 되는 법적·윤리적 책임조차 제대로 수행하지 못하고 있는 상황에 있

---

24) 강영철(1996), "기업의 사회적 책임 논의", 『현상과 인식』, 제20권 제3호.
25) 이우광(1997), "기업의 사회적 책임, 현황과 과제", 삼성경제연구소.

음을 지적하고 국내기업이 우선적으로 법률 및 규범에 따른 의사결
정 및 기업활동을 할 것을 요구하였다.

2. 기업의 사회적 책임의 정의와 관련된 실증연구 분석

이상에서는 기업의 사회적 책임에 대한 정의를 내린 기존문헌들을
살펴보았다. 다음에서는 위의 기존문헌에서 여러 학자들이 주장한
기업의 사회적 책임에 대한 정의를 바탕으로 한 실증연구들에 대해
살펴보기로 한다.

우선, Aupperle(1984)[26]는 기업의 사회적 책임에 대한 이론적·규
범적 논의로부터 네 가지 사회적 책임 요소에 관한 경험연구를 위한
개인의 기업의 사회적 책임 지향 측정 도구를 개발하였다. 이 측정
도구를 적용한 Aupperle 외 다수(1985)의 CEO의 기업의 사회적 책
임 지향에 관한 실증연구는 네 가지 책임은 실증적으로 상관관계를
갖지만, 개념적으로 서로 독립된 요소임을 주장하였고 네 가지 책임
들 간의 상대적 우선순위를 입증하였다.

또한 Pinkston and Carroll(1996)[27]은 영국, 프랑스, 독일, 일본, 스
웨덴, 스위스, 그리고 미국에 주재하는 미국의 591개 다국적 화학기
업 지사의 최고 경영자를 대상으로 한 연구에서 Carroll의 피라미드
모델이 다시 한번 입증되었으나, 독일과 스웨덴에서는 예외적으로
법적 책임이 가장 우선하였고 그 다음으로 경제적, 윤리적 그리고

---

26) Aupperle, K. E.(1984), "An empirical measure of corporate social orientation,"
    Research in Corporate Social Performance and Policy, 6, pp.27 – 54.
27) Pinkston, T. S. & Carroll, A. B.(1996), "A Retrospective Examination of
    CSR Orientations: Have They Changed?" *Journal of Business Ethics*, 15(2),
    pp.199 – 206.

74

재량적 책임이 뒤를 이었다는 연구결과를 발표하였다. 그리고 Aupperle 외 다수(1985)의 연구결과와 비교할 때, 10년 사이에 윤리적 책임이 증가한 반면, 재량적 책임과 경제적 책임 및 법적 책임은 감소하였다는 결과를 주장하였다.

이 후, Edmonson and Carroll(1999)[28]은 흑인 소유의 503개 기업을 대상으로 한 연구에서 경제적 책임이 가장 중요한 것으로 평가된 반면, 윤리적 책임이 법적 책임보다 우선하는 것으로 나타났으며, 재량적 책임과 법적 책임 간의 차이는 매우 작은 것으로 파악되었다는 연구결과를 발표하였다.

또한, Burton, et al.(2000)의 연구에서는 165명의 홍콩 대학생과 157명의 미국 대학생을 대상으로 실증분석을 한 결과 홍콩 대학생이 미국 대학생에 비해 경제적 책임을 더 강하게 강조하였고, 법적 책임과 윤리적 책임 간의 우선순위에서는 별다른 차이가 없는 것으로 나타났다는 결과를 발표하였다.

기업의 사회적 책임에 대한 최근의 연구인 Crane and Matter(2004)[29]의 연구는 유럽을 대상으로 Carroll의 모델을 적용한 실증분석 결과, 네 가지 책임 모두가 유럽에서도 중요한 것으로 나타났지만, 이들 각각의 책임은 유럽국가 들에서 서로 다른 의미를 지니며, 서로 다른 방식으로 연결되어 있다는 결론을 내렸다.

이상의 논의를 종합하여 볼 때, 학자들은 기업의 경제적·법적·윤리적·재량적 책임의 4영역으로 구분하는 것에 대해서는 이견이 없

28) Edmondson, V. C., & Carroll, A. B.(1999), "Giving Back: An Examination of the Philanthropic Motivations, Orientations and Activities of Large Black-Owned Businesses," *Journal of Business Ethics*, 19(2), pp.171-179.
29) Matten, D. & Crane.(2005), "Corporate Citizenship: Toward an Extended Theoretical Conceptualization," *Academy of Management Review*, 30(1), pp.166-179.

으나, 네 가지 책임들 간의 우선순위에 대해서는 서로 상이한 이론적 입장과 경험적 연구결과를 내놓고 있음을 알 수 있었다.

3. 기업의 사회적 성과와 경제적 성과간의 관계에 대한 실증연구 분석

우선, Waddock and Graves(1997)[30]의 연구에서는 기업이 제반 기업활동을 건전하고 공정하게 유지하며 이해 관계자를 비롯한 사회에 대한 책임을 충실히 수행할 때 수익성, 단기 상환능력, 그리고 부채비율과 같은 재무적 성과에 있어서 더 좋은 성과를 얻을 수 있다는 것을 밝혔다.

또한 이들은 이러한 결과를 얻은 이유에 대해 높은 재무적 성과로 여유 자원의 사용이 잠재적으로 가능한 기업들이 기업의 사회적 성과 향상을 위한 투자에 훨씬 자유로울 수 있고, 반면에 재정적 어려움을 겪는 기업들은 상대적으로 사회적 성과활동에 차별화된 투자가 어려울 것이라는 여유자원이론을 이용하여 설명하고 있다.

또한 박헌준, 이종건, 김범성(2001)[31]의 연구에서는 1996년부터 1998년까지 3개년에 걸쳐서 288개 한국의 주식시장에 상장된 제조업체들에 대해 경제정의연구소의 경제정의지수를 이용한 실증분석을 실시하였다.

30) Waddock, S. E. and S. B. Graves(1997), "The Corporate Social Performance
    ─Financial Performance Link," *Strategic Management Journal*, Vol.18,
    No.4, pp.303─319.
31) 박헌준, 이종건, 김범성(2001), "왜 기업은 윤리적이어야 하는가? 기업
    윤리와 기업성과", 『기업윤리연구』, 제3권, 한국기업윤리학회, pp.115─138.

실증분석 결과, 사회적 성과가 높은 기업의 재무적 성과 수준이 사회적 성과가 낮은 기업의 재무적 성과 수준보다 더 좋다는 연구결과를 도출하였다. 이를 통해 기업의 사회적 성과 수준은 재무적 성과에 유의적인 정(+)의 영향을 미치는 것으로 나타났는데 이는 기업의 재무적 성과가 사회적 성과 수준에 의하여 좌우되는 것을 의미한다고 저자들은 주장하였다.

한편, 기업의 사회적 성과의 제고는 단순히 규범적이거나 당위론적 관점에서만 이상적으로 제시되는 것이 아니라 실리적, 공리적 관점에서도 유용하다는 것을 기존의 연구결과를 통해서 알 수 있다.

영국의 Environics International 2001년 조사에 의하면 기업에 대한 소비자의 인상을 결정하는데 '브랜드의 질과 평판'이 35%로 가장 중요한 측면으로 나타났다. 그러나 '사회적 책임수행', '노무실행 및 기업윤리', '환경에 대한 영향' 등 기업의 사회적 책임 혹은 기업시민 정신과 관련된 측면은 총합하면 무려 전체의 49%에 이르는 높은 비중을 차지하고 있는 것으로 나타나고 있다. 미국인 중 40% 이하만이 '브랜드 평판'에 대한 충성도를 보여주지만 80%가량이 '지역사회 공헌'기업을 강하게 지지한다고 답하였다. 실제로 높은 사회적 성과를 보이는 기업들은 대부분 높은 이윤을 창출하고 있으며 높은 사회적 성과를 보이면서도 낮은 이윤을 얻는 기업은 거의 존재하지 않는다.[32]

---

32) Pastin, M.(1998), op. cit.

제5장

연구자료, 연구방법론 및 연구가설

1. 연구자료 및 연구범위

본 연구는 기존문헌의 연구결과를 토대로 하여 높은 사회적 성과가 기업의 가치를 상승시킨다는 것을 기본 명제로 하여 경제정의지수모형의 결과들과 주가간의 관계를 실증분석하는 것이다.

따라서 본 연구의 실증분석에 사용될 자료를 살펴보면 우선, 경제정의연구소로부터 얻은 지난 16년간의 경제정의지수 결과를 실증분석에 사용하였으며 국내 기업의 주식가격과 자기자본순이익률(ROE), 부채비율, 종업원 수 등의 기업별 재무제표 상의 자료들은 *삼성 FnGuide*를 통해 구하였다.

또한 실증분석에 사용된 연구범위는 경제정의지수의 평가가 시작된 1991년부터 2006년까지 총 16년간의 자료에 대해 실증분석을 실시하였다.

2. 연구가설

기업의 책임감 있는 사회적 역할의 필요성을 강조하기 위해서는 기업의 책임감 있는 사회적 역할이 개별 기업의 성과의 제고에도 기여할 것이라는 가설을 입증하여야 한다. 박헌준, 이종건, 김범성(2001)의 연구에서는 1996년부터 1998년까지 3개년에 걸쳐서 288개 한국의 주식시장에 상장된 제조업체들에 대해 경제정의연구소의 경제정의지수를 이용한 실증분석을 실시한 결과, 사회적 성과가 높은 기업의 재무적 성과 수준이 사회적 성과가 낮은 기업의 재무적 성과 수준보다 더 좋다는 연구결과를 도출하였다. 이를 통해 기업의 사회적 성과 수준은 재무적 성과에 유의적인 정(+)의 영향을 미치는 것으로 나타났는데 이는 기업의 재무적 성과가 사회적 성과 수준에 의하여 좌우되는 것을 의미한다고 저자들은 주장하였다.

또한 Waddock and Graves(1997)의 연구에서는 기업이 제반 기업활동을 건전하고 공정하게 유지하며 이해 관계자를 비롯한 사회에 대한 책임을 충실히 수행할 때 수익성, 단기 상환능력, 그리고 부채비율과 같은 재무적 성과에 있어서 더 좋은 성과를 얻을 수 있다는 것을 밝혔다.

이들은 이러한 결과를 얻은 이유에 대해 높은 재무적 성과로 여유 자원의 사용이 잠재적으로 가능한 기업들이 기업의 사회적 성과 향상을 위한 투자에 훨씬 자유로울 수 있고, 반면에 재정적 어려움을 겪는 기업들은 상대적으로 사회적 성과활동에 차별화된 투자가 어려울 것이라는 여유자원이론을 이용하여 설명하고 있다. 따라서 본 연구에서는 다음과 같은 가설을 설정하였다.

가설 1: 사회적 성과가 높은 기업일수록 다음 기의 해당 기업의 경제적 성
      과는 높을 것이다.

최근 들어 기업의 사회적 책임활동에 대한 국내기업들의 관심이 크게 증가하고 있다. 국제표준화기구의 사회적 책임활동에 대한 국제표준 제정 움직임과 같은 국제기구들의 압력과 더불어 국내 사회 차원에서도 최근 외환위기 이후 기업에 대한 국민들의 기대심리가 더욱 높아지고 PL법 발효, 주주대표소송 등의 제도가 정비되면서 이해관계자들의 영향력이 증대하고 있기 때문이다.

특히 인터넷의 확산으로 소비자들이 불만사례를 쉽게 공유하고 안티사이트 등을 통해 집단행동을 도모하는 사이버파워가 형성되면서 기업활동에 큰 부담으로 작용하는가 하면 기업에 대한 국민들의 기대심리가 더욱 높아지면서 사회통념에 어긋나지 않는 경영을 요구하는 목소리가 점차 높아지고 있다. 이에 따라 법률적으로는 문제될 것이 없는 경영활동조차도 국민정서와 충돌하여 사회적 물의를 일으키고 지탄의 대상이 되는 경우가 발생하고 있다. 이와 같은 시대적 흐름을 감안할 때 경제정의지수를 통한 국내기업들의 사회적 성과를 평가한 결과는 시간이 흐름에 따라 평가 수준이 상향될 것이며 특히 외환위기 이후 이러한 현상은 더욱 강화될 것이다. 따라서 다음과 같은 가설을 설정하였다.

가설 2-1: 시간이 흐름에 따라 해당 기업의 사회적 성과 수준은 점차 높
        아질 것이다.

가설 2-2: 외환위기 이후의 사회적 성과 수준과 외환위기 이전의 사회적
        성과 수준에는 차이가 존재할 것이다.

본 연구가설의 검증 결과는 국내기업들에 대한 사회적 책임경영이 시혜적인 성격에서 벗어나 지속가능 경영을 위한 경영활동의 일부로 인식되는지의 여부를 알 수 있게 해 줄 것이다. 즉, 본 연구가설대로 국내기업들의 사회적 성과가 시간이 흐름에 따라 나아지는 결과가 나올 경우 이는 사회적 책임경영이 국내기업들 내부에 체화되었다는 것을 의미하는 것이며, 그렇지 않고 국내외 경제여건에 따라 사회적 성과에 있어서 변동성이 심하게 나타날 경우, 국내기업들은 여전히 사회적 책임활동을 시혜적인 차원에서 시행하고 있다는 것을 방증하는 것이 된다.

세계적으로 기업의 사회적 책임활동에 대한 중요성이 강조되고 있는 가운데, 여전히 국내기업들은 미국이나 유럽, 일본과 같은 선진국 기업들에 비해 사회적 책임활동 수준이 미미한 것으로 평가받고 있다. 또한 외환위기 이후 국내기업들의 사회적 책임활동에 대한 비용이 대폭 삭감되면서 기업의 사회적 책임활동을 지속가능한 경영을 위한 전략으로 받아들이기보다 시혜적이고 단기적인 활동으로 인식하고 있다는 비판을 많이 받았다. 따라서 본 연구에서는 국내기업의 사회적 책임활동에 대한 인식이 어느 수준인가를 확인하기 위하여 다음과 같은 가설을 설정하였다.

> 가설 3: 이익을 많이 낸 기업일수록 사회적 책임활동에 더 많은 투자를 할 것이고, 이익을 적게 된 기업일수록 사회적 책임활동에 덜 투자할 것이다.

경제정의지수 평가모형은 경제정의기업상을 시상하기 위한 평가기준의 틀로 만들어졌다. 경제정의연구소의 경제정의기업상은 국민으

로부터 존경받는 기업, 혹은 정의로운 기업이 되기 위해 창의와 혁
신으로 사적 이윤을 추구함과 동시에 사회적 공헌도가 높은 기업을
대상으로 매년 시상식을 실시하고 있다. 따라서 경제정의지수 평가
모형이 본래의 만들어진 목적대로 평가가 이루어져 제정취지에 맞는
경제정의기업상을 수상하여 왔다면 과거의 경제정의기업상 수상기업
들의 수상이후 경제정의지수 평가모형의 결과들은 다른 기업들에 비
해 우수할 것이다. 따라서 경제정의지수 평가모형의 적절성을 살펴
보기 위해 다음과 같은 가설을 설정하였다.

가설 4: 경제정의기업상을 시상한 기업들은 시상 이후에도 경제정의지수
평가모형에 의한 평가가 우수할 것이다.

---

3. 연구모형 및 연구방법론

◇ 연구 모형

본 연구는 높은 사회적 성과가 기업의 가치를 상승시킨다는 것을
기본 명제로 하여 경제정의지수모형의 항목별 평가결과들과 기업의
경제적 성과를 나타내는 자기자본이익률(ROE), 주가수익률간의 관계
를 실증분석하였다.

이를 위해 지난 16년간의 경제정의지수 항목별 결과를 독립변수
로 하고 다음 해(t+1)의 해당 기업의 자기자본이익률과 주가수익률
을 종속변수로 하는 횡단면회귀분석(cross-sectional regression)을 실
시하며, 통제변수로 기업의 규모를 나타내는 시가총액에 자연로그를

취한 값을 회귀식에 추가한다. 또한 기업의 가치에 영향을 미칠 수 있는 다른 재무적 변수들 가운데 부채비율을 추가한 회귀분석을 실시하고 이를 식으로 나타내면 다음과 같다.

$$R_{i,t+1} = \alpha_i + \beta_{1i}\log(SIZE)_{i,t+1} + \beta_{2i}CSR_{i,t} + \beta_{3i}BR_{i,t+1} + \epsilon_i$$

여기서, 종속변수인 R_i는 기업 i의 다음 기의 자기자본이익률(ROE)과 다음 기의 주식수익률을 사용하며 독립변수는 해당 기업 i의 경제정의지수 모형의 평가점수를 사용한다. 이러한 기본 회귀모형에 기업의 규모를 나타내는 독립변수와 기업 i의 부채비율을 추가한 다중회귀분석을 실시한다.

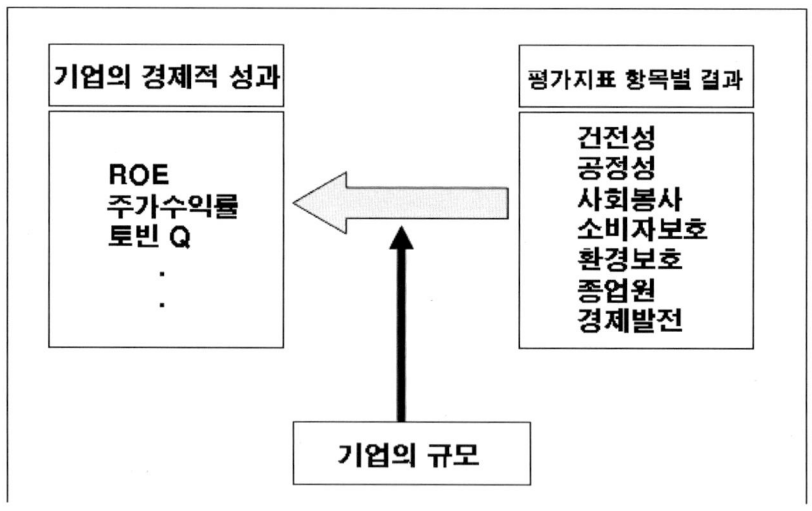

〈그림 2〉 본 연구의 회귀분석 모형

또한 기업 i의 사회적 성과를 나타내는 대용변수로 사용된 경제정
의지수 모형의 평가점수의 경우, 우선적으로 모든 평가항목의 점수
를 합계한 종합 점수[33]를 사용하여 분석하고, 이에 추가적으로 경제
정의지수의 평가항목별 점수를 사용한 회귀분석을 실시한다.

경제정의지수의 평가항목은 회를 거듭하면서 수정이 이루어진 관
계로 1회의 경우에는 건전성, 사회봉사, 경제발전의 3항목별 회귀분
석을 실시하고, 2회부터 10회까지는 소비자보호 항목을 제외한 6개
항목을 차례로 대입하여 회귀분석을 실시하며, 11회부터 16회까지는
경제정의지수를 구성한 7개 항목 모두를 회귀분석의 독립변수로 사
용하여 항목별로 기업의 경제적 성과에 어떤 영향을 미쳤는지를 살
펴보도록 한다.

또한 가설 2의 증명을 위해서 앞서 실시하였던 횡단면 회귀분석
의 결과를 외환위기(1997년)를 기준으로 이전기간과 이후기간을 나
누어 이들 결과들 간의 차이가 존재하는지를 T-검증(t-test)[34]을
통해 분석하도록 한다.

다음으로 가설 3의 증명을 위해서 역대 경제정의기업상을 수상한
기업들을 대상으로 수상 이후 경제정의지수 평가모형에 의한 사회적
성과 수준을 분석해보고 향후 1년 동안, 2년 동안 등 연도별로 평균
주가수익률 계산하여 비교 분석을 실시하도록 한다.

---

33) 여기에서의 종합점수는 정량적 평가점수의 합계를 의미한다. 경제정의
지수의 평가방식은 우선적으로 정량적 평가를 실시한 후, 정량적 평가
점수를 기준으로 상위 기업들에 대해서만 부분적으로 정성적 평가를
실시하기 때문에 본 연구에서는 정량적 평가점수와 정성적 평가점수를
합한 종합점수를 사용하지 않고 모든 기업에 대해 평가한 정량적 평가
점수를 사회적 성과를 나타내는 변수로 사용하였다.
34) 두 표본 간의 평균이 동일한지를 검증하기 위한 방법

제6장

기초통계분석 결과

이번 장에서는 지난 16년간의 경제정의지수 측정 결과들을 이용한 다양한 분석결과들을 설명할 것이다. 경제정의지수의 결과치들을 이용한 분석은 크게 3가지로 나누어진다. 우선, 경제정의지수의 7개 평가항목들 중에서 최근 이슈가 되고 있는 기업지배구조관련 평가항목과 기업의 사회적 성과를 측정하는 평가항목, 그리고 경제적 성과를 측정하는 항목들 사이의 상관관계를 분석한다. 다음으로는 업종별로 사회적 성과에 있어 차이가 존재하는지 여부를 분석하도록 한다. 그리고 마지막으로 각 평가항목별로 평가점수의 연도별 추이와 특징을 살펴보도록 한다.

1. 상관관계 분석 결과

앞서 언급하였듯이 경제정의지수는 지난 16년간의 기업평가에 있어서 평가항목 면에서 많은 변화를 꾀하여 왔다.

1회의 경제정의지수 모형은 3대 평가항목(기업건전성(46.1), 복지환경(30.8), 고용 기여도(23.1))으로 구성되었으며, 2회는 5대 평가항목(종업원 기여도(20), 기술혁신 기여도(20), 환경 기여도(10), 기업활동의 공정성·건전성(40), 사회복지 기여도(10))등을 반영한 54개 지표를 기준으로 국민으로부터 존경받는 기업상을 모형화하였다.

3회 이후부터는 7대 평가항목(기업활동의 건전성(20), 기업활동의 공정성(10), 사회봉사 기여도(10), 환경 기여도(10), 고객만족 기여도(7), 종업원 기여도(15), 경제발전 기여도(28)) 총 64개 평가지표로 구성되었다. 7개 고려 항목을 포함한 64개 지표는 33개의 법적 지표, 21개의 윤리적 지표, 10개의 임의적 지표 등으로 구성되어 있다.

이렇듯 5년간 7대 평가항목의 골격을 그대로 유지시켜 오다가 IMF 구제금융 등 기업환경의 변화로 인하여 8회부터 다시 6대 평가항목(사회봉사 기여도와 소비자 보호 기여도 통합)으로 조정되어 평가가 이루어졌다. 꾸준히 지표의 변별력과 신뢰성을 강조하였고, 초기 28개의 평가지표에서 7회는 62개의 평가지표들이, 9회와 10회는 45개의 평가지표로 평가되기도 하였다.

11회 평가모형에서는 다시 7대 평가항목(46개 평가지표, 6개의 고려지표)으로 복귀되었고 정량적 평가와 정성적 평가를 구분하여 단계적으로 평가하였다.

따라서, 본 상관관계 분석에 있어서는 1회에는 3개의 평가항목간의 상관관계분석을, 2회에서는 5개의 평가항목간의 상관관계분석을 실시하였으며, 3회부터 10회까지는 분석 편의상 소비자보호 항목을 제외한 6개의 평가항목간의 상관관계분석을 실시하였다. 그리고 마지막으로 11회부터 16회까지는 기본적으로 경제정의지수의 평가항목인 7개 평가항목간의 상관관계 분석을 실시하였으며, 추가로 최근에 이슈가 되고 있는 기업지배구조관련 평가항목과 기업의 사회적 성과를 측정하는 평가항목, 그리고 경제적 성과를 측정하는 항목들 사이의 상관관계를 분석하였다.

1) 1회 상관관계 분석 결과

기업의 경제적성과를 나타내는 기업건전성과 사회공동체적 성과를 나타내는 복지환경사이에는 부(-)의 상관계수 값이 측정되었으며, 사회공동체적 성과를 나타내는 복지환경과 경영 공동체적 성과를 나타내는 고용기여도 사이 역시 부(-)의 관계가 있는 것으로 나타났다.

〈표 10〉 1회(1991년도) 상관관계 분석 결과

	기업건전성	고용기여도	복지환경
기업건전성	1.000	.015 (.82)	−.215 (.001)
고용기여도		1.000	−.357 (.000)
복지환경			1.000

2) 2회 상관관계 분석 결과

기업활동의 공정성·건전성 항목의 경우 다른 모든 항목들과 부(-)의 관계를 보였으며, 사회복지 기여도와의 관계를 제외한 모든 항목들에 있어서 결과가 유의하였다. 또한 그 밖의 항목들 간에는 통계적으로 유의한 정(+)의 상관관계를 보이는 것으로 나타났다.

〈표 11〉 2회(1992년도) 상관관계 분석 결과

	공정성	사회복지 기여도	환경기여도	종업원기 여도	기술혁신 기여도
공정성	1.000	-.111 (.086)	-.227 (.000)	-.217 (.001)	-.429 (.000)
사회복지기여도		1.000	.451 (.000)	.240 (.000)	.302 (.000)
환경기여도			1.000	.750 (.000)	.421 (.000)
종업원기여도				1.000	.457 (.000)
기술혁신기여도					1.000

이러한 상관관계 분석결과만으로 본다면 기업활동의 공정성·건전성이 낮으면 낮을수록 사회복지, 환경, 종업원, 기술혁신에 대한 기여도가 높아지는 것으로 해석할 수 있을 것이다.

3) 3회 상관관계 분석결과

〈표 12〉 3회(1993년도) 상관관계 분석 결과

	건전성	공정성	사회봉사	환경보호	종업원	경제발전
건전성	1.000	.219 (.000)	-.020 (.686)	.039 (.426)	-.016 (.751)	-.056 (.256)
공정성		1.000	-.128 (.010)	.093 (.061)	-.013 (.796)	-.123 (.013)
사회봉사			1.000	-.112 (.024)	.030 (.542)	.058 (.239)
환경보호				1.000	-.084 (.088)	.021 (.671)
종업원					1.000	.085 (.087)
경제발전						1.000

　건전성 항목의 경우 공정성과는 0.219로 정(+)의 상관관계를 보였으며 통계적으로 유의하였다. 그러나 그 이외의 다른 항목들과는 대부분 부(-)의 관계를 보였으며 통계적으로도 유의하지 않았다. 다음으로 공정성 항목은 건전성과 환경보호 항목과는 정(+)의 관계를 보였고, 다른 항목과는 부(-)의 관계를 보이는 것으로 나타났다.
　또한 사회봉사 항목은 환경보호 항목과 부(-)의 상관관계가 통계적으로 유의하였으며, 종업원 항목은 경제발전 항목과 정(+)의 상관관계가 통계적으로 유의한 것으로 나타났다.

4) 4회 상관관계 분석결과

〈표 13〉 4회(1994년도) 상관관계 분석 결과

	건전성	공정성	사회봉사	환경보호	종업원	경제발전
건전성	1.000	**.197** **(.000)**	-.039 (.402)	.036 (.440)	**.165** **(.000)**	.074 (.115)
공정성		1.000	**-.091** **(.052)**	.024 (.602)	.075 (.110)	-.024 (.607)
사회봉사			1.000	.032 (.495)	-.035 (.451)	**.085** **(.068)**
환경보호				1.000	.025 (.596)	.039 (.401)
종업원					1.000	.025 (.596)
경제발전						1.000

　건전성 항목의 경우 사회봉사 항목과는 부(-)의 관계를 나타낸 반면, 다른 항목들과는 정(+)의 관계를 보였다. 특히 공정성과 종업원 항목과의 관계는 통계적으로 유의하였다. 공정성 항목은 사회봉

사와 경제발전과는 부(-)의 관계가, 건전성과 환경보호, 종업원 항목과는 정(+)의 관계가 있는 것으로 나타났다. 사회봉사 항목은 경제발전과 정(+)의 상관관계가 통계적으로 유의한 것으로 나타났고, 환경보호 항목은 모든 다른 항목과의 상관관계가 통계적으로 유의하지 않았다.

경제발전 항목은 공정성 항목과의 관계만 부(-)의 관계를 나타내었을 뿐 그 이외의 다른 항목들과는 정(+)의 관계를 보이는 것으로 나타났다. 즉, 경제발전에 대한 기여도가 높을수록 사회적 성과가 높다는 것을 의미하는 것으로 상관관계 분석만을 보았을 때 가장 경제정의지수 평가 목적과 부합되는 방향으로 평가가 이루어진 것으로 생각할 수 있을 것이다.

5) 5회 상관관계 분석결과

〈표 14〉 5회(1995년도) 상관관계 분석 결과

	건전성	공정성	사회봉사	환경보호	종업원	경제발전
건전성	1.000	**.203** **(.000)**	−.012 (.798)	−.015 (.749)	.010 (.832)	**.204** **(.000)**
공정성		1.000	**−.240** **(.000)**	−.051 (.279)	**.118** **(.011)**	**−.097** **(.037)**
사회봉사			1.000	**.158** **(.001)**	.008 (.871)	**.200** **(.000)**
환경보호				1.000	**−.117** **(.012)**	.056 (.231)
종업원					1.000	.065 (.165)
경제발전						1.000

　　건전성 항목은 사회봉사와 환경보호 항목과는 부(-)의 관계를, 공정성과 종업원, 경제발전 항목과는 정(+)의 관계를 보였으며, 공정성 항목의 경우 건전성과 종업원 항목과는 정(+)의 관계를, 그 외 항목과는 부(-)의 관계를 보였다. 특히 환경보호 항목과의 관계를 제외한 다른 항목과의 상관관계 모두는 통계적으로 10% 내에서 유의한 값을 보였다. 사회봉사 항목은 건전성과 공정성을 제외한 다른 항목들과 정(+)의 관계를 보이는 것으로 나타났으며, 종업원 항목의 경우 환경보호 항목을 제외한 모든 항목과 정(+)의 관계를 보이는 것으로 나타났다.

　　특히 경제발전 항목은 4회와 마찬가지로 공정성 항목과의 부(-)의 관계를 제외하고는 다른 모든 항목과 정(+)의 관계를 보이는 것으로 나타났다.

6) 6회 상관관계 분석결과

〈표 15〉 6회(1996년도) 상관관계 분석 결과

	건전성	공정성	사회봉사	환경보호	종업원	경제발전
건전성	1.000	-.008 (.871)	.043 (.349)	-.054 (.242)	**.091** **(.048)**	.076 (.100)
공정성		1.000	**-.150** **(.001)**	**-.175** **(.000)**	**-.262** **(.000)**	**-.213** **(.000)**
사회봉사			1.000	**.185** **(.000)**	.035 (.443)	**.115** **(.012)**
환경보호				1.000	**.195** **(.000)**	-.003 (.950)
종업원					1.000	**.216** **(.000)**
경제발전						1.000

공정성 항목의 경우 모든 항목과 부(-)의 관계를 가지는 것으로 나타났으며, 특히 건전성 항목과의 관계를 제외한 모든 항목과의 관계에 있어서 통계적으로 유의한 값을 나타내었다. 반면에 사회봉사 항목과 종업원 항목은 공정성 항목과의 관계만이 부(-)의 관계를 나타내었을 뿐 그 외 다른 항목들과의 관계에 있어서는 정(+)의 관계를 가지는 것으로 나타났다. 경제발전 항목은 사회봉사 항목과 종업원 항목과 정(+)의 관계가 통계적으로 유의한 것으로 나타나 경제발전에 기여도가 높은 기업이 사회봉사와 종업원 관련 항목들에 있어 높은 점수를 받은 것으로 해석되어진다.

7) 7회 상관관계 분석결과

건전성 항목과 공정성 항목의 경우 경제발전 항목을 제외한 다른 모든 항목과 부(-)의 상관관계를 나타내었으며, 환경보호 항목의 경우에는 사회봉사 항목과 정(+)의 관계를 나타내었을 뿐 그 이외의 다른 항목들과는 부(-)의 관계를 나타내었다. 또한 경제발전 항목의 경우 환경보호 항목과의 관계에서만 부(-)의 관계를 나타내었고 그 이외 다른 항목들과의 관계에서는 정(+)의 관계를 나타내었다. 특히 종업원 항목과의 관계에서 가장 높은 상관계수를 보였으며 통계적으로 유의하였다.

〈표 16〉 7회(1997년도) 상관관계 분석 결과

	건전성	공정성	사회봉사	환경보호	종업원	경제발전
건전성	1.000	−.005 (.919)	−.084 (.065)	−.013 (.773)	−.005 (.908)	.098 (.030)
공정성		1.000	−.031 (.497)	−.183 (.000)	−.073 (.106)	.075 (.097)
사회봉사			1.000	.036 (.422)	.173 (.000)	.045 (.323)
환경보호				1.000	−.015 (.741)	−.003 (.939)
종업원					1.000	.163 (.000)
경제발전						1.000

8) 8회 상관관계 분석결과

건전성 항목과 공정성 항목은 통계적으로 유의한 정(+)의 관계가 있는 것으로 나타났고 사회봉사, 환경보호, 종업원, 경제발전 항목 사이 또한 대부분 통계적으로 유의한 정(+)의 관계가 있는 것으로 나타났다. 특히, 경제발전 항목의 경우 공정성 항목과의 관계를 제외한 다른 모든 항목과의 관계에 있어서 통계적으로 유의한 정(+)의 관계를 보였으며 상관계수를 통해서 볼 때, 환경보호 > 건전성 > 사회봉사 > 종업원 순으로 강한 관계를 보였다.

98

<표 17> 8회(1998년도) 상관관계 분석 결과

	건전성	공정성	사회봉사	환경보호	종업원	경제발전
건전성	1.000	.117 (.016)	−.035 (.477)	−.002 (.976)	.000 (.997)	.186 (.000)
공정성		1.000	−.301 (.000)	−.219 (.000)	−.067 (.173)	−.039 (.420)
사회봉사			1.000	.295 (.000)	.114 (.020)	.144 (.003)
환경보호				1.000	.098 (.045)	.189 (.000)
종업원					1.000	.126 (.010)
경제발전						1.000

9) 9회 상관관계 분석결과

건전성 항목과 공정성 항목간의 상관관계가 이전 연도와는 달리 부(−)의 관계를 가지는 것으로 나타났으며 공정성 항목의 경우 다른 모든 항목과 부(−)의 관계를 가지는 것으로 나타났다. 공정성 항목을 제외한 다른 모든 항목들 사이에서는 정(+)의 관계가 있는 것으로 분석되었다. 또한 경제발전 항목의 경우 공정성 항목과 부(−)의 관계가 통계적으로 유의한 것으로 나타났다.

〈표 18〉 9회(1999년도) 상관관계 분석 결과

	건전성	공정성	사회봉사	환경보호	종업원	경제발전
건전성	1.000	−.006 (.914)	.053 (.314)	**.105** **(.043)**	**.156** **(.003)**	**.143** **(.006)**
공정성		1.000	−.082 (.116)	**−.203** **(.000)**	−.032 (.539)	**−.124** **(.017)**
사회봉사			1.000	.040 (.439)	.086 (.101)	.032 (.544)
환경보호				1.000	**.129** **(.013)**	**.113** **(.030)**
종업원					1.000	.082 (.115)
경제발전						1.000

10) 10회 상관관계 분석 결과

〈표 19〉 10회(2000년도) 상관관계 분석 결과

	건전성	공정성	사회봉사	환경보호	종업원	경제발전
건전성	1.000	−.073 (.258)	−.022 (.730)	**.128** **(.045)**	−.057 (.376)	**.181** **(.005)**
공정성		1.000	−.054 (.404)	**−.317** **(.000)**	**.190** **(.003)**	**−.191** **(.003)**
사회봉사			1.000	−.027 (.673)	**−.115** **(.074)**	.023 (.718)
환경보호				1.000	.070 (.277)	**.166** **(.009)**
종업원					1.000	−.001 (.989)
경제발전						1.000

건전성 항목의 경우 환경보호, 경제발전 항목과 통계적으로 유의한 정(+)의 관계가 있는 것으로 나타났으며, 공정성 항목의 경우 종업원 항목을 제외한 나머지 모든 항목과 부(-)의 관계가 있는 것으로 나타났다. 특히 공정성 항목과 환경보호 항목 사이에는 -0.317의 비교적 높은 수준의 부(-)의 관계가 있음이 나타났다. 또한 경제발전 항목의 경우에는 건전성과 환경보호 항목과의 관계에서 통계적으로 유의한 정(+)의 관계가 있다는 것을 알 수 있었다.

11) 11회 상관관계 분석 결과

11회부터 16회까지는 좀 더 세부적인 평가항목들과의 상관관계를 살펴보았다.

아래에서 보는 바와 같이 지배구조 요인과 사회적 성과 간에 부분적으로 유의한 상관관계 값이 나타났다. 상관관계분석 결과를 정리하면 다음과 같다.

- 전문경영인 정도와 상관관계가 높은 변수: 관계사출자, 사외이사 비율, 기부금, 사회봉사기여도, 경제발전기여도
- 관계사 출자와 상관관계가 높은 변수: 전문경영 정도, 관계보증, 사외이사 비율, 기부금, 사회봉사기여도, 경제발전기여도
- 수익성과 상관관계가 높은 변수: 관계사 지급보증, 경제발전기여도
- 경제발전 기여도와 상관관계가 높은 변수: 전문경영 정도, 관계출자, 사외이사 비율, 기부금, 사회봉사기여도, 수익성, 성장성, 노동생산성 증가율

〈표 20〉 11회(2001년도) 상관관계 분석 결과

	내부지분	전문경영	관계출자	관계보증	사외비율	사외참여	장애고용	기부금	사회봉사	수익성	성장성	노동생산	경제발전
내부지분	1.000	.041 (.482)	-.076 (.193)	-.029 (.618)	-.047 (.416)	-.093 (.108)	-.047 (.417)	-.085 (.145)	-.085 (.145)	.096 (.100)	-.007 (.905)	-.060 (.301)	-.053 (.359)
전문경영		1.000	-.194 (.001)	.008 (.893)	.158 (.006)	-.028 (.632)	.009 (.872)	.150 (.009)	.171 (.003)	-.027 (.647)	.090 (.122)	.043 (.463)	.104 (.074)
관계출자			1.000	.221 (.000)	-.223 (.000)	.043 (.457)	.024 (.679)	-.099 (.087)	-.113 (.053)	.027 (.649)	-.066 (.259)	-.001 (.988)	-.130 (.025)
관계보증				1.000	.025 (.668)	.199 (.001)	-.108 (.063)	.056 (.337)	-.045 (.440)	.152 (.009)	.041 (.482)	.087 (.133)	.036 (.536)
사외비율					1.000	.081 (.164)	.081 (.162)	.084 (.150)	.132 (.023)	.034 (.563)	.040 (.488)	-.058 (.323)	.107 (.066)
사외참여						1.000	-.029 (.613)	-.002 (.966)	-.046 (.435)	.051 (.380)	.033 (.571)	.014 (.812)	-.003 (.960)
장애고용							1.000	.021 (.713)	.454 (.000)	-.017 (.770)	.117 (.043)	-.033 (.570)	.045 (.436)
기부금								1.000	.810 (.000)	.084 (.150)	.033 (.569)	-.027 (.649)	.220 (.000)
사회봉사									1.000	.030 (.607)	.069 (.238)	-.063 (.278)	.211 (.000)
수익성										1.000	.053 (.363)	.078 (.179)	.558 (.000)
성장성											1.000	.108 (.062)	.196 (.001)
노동생산												1.000	.154 (.008)
경제발전													1.000

12) 12회 상관관계 분석결과

아래에서 보는 바와 같이 지배구조 요인과 사회적 성과 간에 부분적으로 유의한 상관관계 값이 나타났다. 상관관계분석 결과를 정리하면 다음과 같다.

- 관계사 출자와 상관관계가 높은 변수: 관계사 지급보증, 사외이사 비율, 사외이사의 이사회 참여, 기부금, 사회봉사기여도, 경제발전기여도
- 수익성과 상관관계가 높은 변수: 관계사 지급보증, 기부금, 사회봉사기여도, 경제발전기여도
- 경제발전 기여도와 상관관계가 높은 변수: 관계출자, 기부금, 사회봉사기여도, 수익성, 노동생산성 증가율

〈표 21〉 12회(2002년도) 상관관계 분석 결과

	내부지분	전문경영	관계출자	관계보증	사외비율	사외참여	장애고용	기부금	사회봉사	수익성	성장성	노동생산	경제발전
내부지분	1.000												
전문경영	.102 (.107)	1.000											
관계출자	-.014 (.820)	-.091 (.150)	1.000										
관계보증	-.007 (.911)	-.063 (.320)	.249 (.000)	1.000									
사외비율	.082 (.197)	.190 (.003)	-.129 (.041)	.019 (.765)	1.000								
사외참여	-.048 (.447)	.056 (.382)	.122 (.053)	.077 (.223)	.008 (.901)	1.000							
장애고용	-.104 (.101)	.014 (.830)	-.021 (.740)	-.103 (.103)	-.041 (.518)	-.006 (.920)	1.000						
기부금	.044 (.493)	.070 (.272)	-.202 (.001)	.006 (.922)	.024 (.709)	-.198 (.002)	-.057 (.373)	1.000					
사회봉사	-.063 (.322)	.057 (.373)	-.138 (.029)	-.096 (.128)	-.010 (.877)	-.113 (.074)	.826 (.000)	.509 (.000)	1.000				
수익성	-.059 (.357)	-.013 (.839)	.062 (.330)	.105 (.098)	-.023 (.717)	-.060 (.342)	-.010 (.871)	.245 (.000)	.123 (.052)	1.000			
성장성	.047 (.463)	.114 (.072)	.034 (.598)	-.044 (.492)	.041 (.516)	.042 (.507)	-.054 (.395)	.004 (.951)	-.045 (.480)	.027 (.675)	1.000		
노동생산	-.044 (.489)	.026 (.686)	-.061 (.340)	-.063 (.323)	.040 (.531)	-.013 (.844)	.033 (.599)	-.008 (.904)	.022 (.734)	.054 (.392)	.354 (.000)	1.000	
경제발전	.073 (.248)	.053 (.405)	-.132 (.037)	.050 (.435)	-.011 (.861)	-.094 (.140)	.071 (.265)	.298 (.000)	.226 (.000)	.520 (.000)	.046 (.468)	.218 (.001)	1.000

104

13) 13회 상관관계 분석결과

<표 22> 13회(2003년도) 상관관계 분석 결과

	내부지분	전문경영	관계출자	관계보증	사외비율	사외참여	장애고용	기부금	사회봉사	수익성	성장성	노동생산	경제발전
내부지분	1.000	.085 (.176)	.022 (.725)	-.089 (.158)	.172 (.006)	.048 (.445)	-.222 (.000)	.133 (.033)	-.087 (.168)	-.050 (.431)	.106 (.090)	.081 (.200)	.090 (.151)
전문경영		1.000	-.136 (.031)	.006 (.924)	.229 (.000)	.094 (.136)	-.069 (.271)	.142 (.023)	.044 (.484)	.134 (.032)	-.001 (.987)	.110 (.079)	.264 (.000)
관계출자			1.000	.285 (.000)	-.223 (.000)	.011 (.863)	-.003 (.957)	-.028 (.653)	-.022 (.722)	.018 (.769)	.101 (.108)	-.100 (.111)	-.169 (.007)
관계보증				1.000	-.122 (.052)	.132 (.036)	-.005 (.934)	.039 (.531)	.024 (.707)	.129 (.040)	.099 (.114)	-.017 (.785)	.006 (.928)
사외비율					1.000	-.011 (.867)	-.061 (.330)	.046 (.468)	-.018 (.778)	-.081 (.195)	.028 (.653)	.085 (.177)	.222 (.000)
사외참여						1.000	-.133 (.034)	-.032 (.609)	-.130 (.038)	-.018 (.779)	.085 (.175)	-.002 (.969)	.042 (.504)
장애고용							1.000	-.131 (.036)	.718 (.000)	-.038 (.551)	-.001 (.982)	-.058 (.357)	.009 (.884)
기부금								1.000	.596 (.000)	.215 (.001)	.074 (.239)	-.049 (.440)	.124 (.047)
사회봉사									1.000	.120 (.055)	.051 (.418)	-.081 (.197)	.095 (.131)
수익성										1.000	-.014 (.826)	.069 (.272)	.255 (.000)
성장성											1.000	.099 (.116)	.038 (.542)
노동생산												1.000	.207 (.001)
경제발전													1.000

위에서 보는 바와 같이 지배구조 요인과 사회적 성과 간에 부분적으로 유의한 상관관계 값이 나타났다. 상관관계분석 결과를 정리하면 다음과 같다.

- 내부지분율과 상관관계가 높은 변수: 사외이사 비율, 장애인 고용여부, 기부금, 성장성
- 사외이사 비율과 상관관계가 높은 변수: 내부지분율, 전문경영인 정도, 관계사 출자, 관계사 지급보증, 경제발전기여도
- 수익성과 상관관계가 높은 변수: 전문경영인 정도, 관계사 지급보증, 기부금, 사회봉사기여도
- 경제발전 기여도와 상관관계가 높은 변수: 전문경영인 정도, 관계사 출자, 사외이사 비율, 기부금, 수익성, 노동생산성 증가율

14) 14회 상관관계 분석결과

상관관계 분석결과를 살펴보면 다음과 같다. 우선, 기부금 항목과 수익성 항목이 강한 정(+)의 관계를 나타내었다. 즉 수익이 많이 난 기업일수록 기부금의 액수가 높았음을 알 수 있다. 또한 장애인 고용비율과 여성채용비율은 부(-)의 관계를 나타냄으로써 같은 사회의 약자로 분류됨에도 불구하고 다른 방향으로의 관계를 보이고 있다. 마지막으로 경제발전기여도 항목은 전문경영인 정도, 관계사 지급보증, 사외이사 비율, 사외이사의 이사회 참여, 기부금, 사회봉사기여도, 수익성, 노동생산성 증가율 등 거의 모든 항목들과 정(+)의 관계를 보였으며 다만, 관계사 출자와는 부(-)의 관계를 보였다. 또한 성장성과 노동생산성 증가율의 경우 다른 항목들과의 상관관계에 있어서 통계적으로 유의한 값을 얻지 못하였다.

<표 23> 14회(2004년도) 상관관계 분석 결과

	내부지분	전문경영	관계출자	관계보증	사외비율	사외참여	장애고용	여성채용	기부금	사회봉사	수익성	성장성	노동생산	경제발전
내부지분	1.000													
전문경영	.149 (.006)	1.000												
관계출자	-.064 (.240)	-.112 (.039)	1.000											
관계보증	-.049 (.368)	-.082 (.130)	.384 (.000)	1.000										
사외비율	.235 (.000)	.259 (.000)	-.179 (.001)	-.118 (.029)	1.000									
사외참여	.034 (.538)	.062 (.256)	-.018 (.742)	.067 (.215)	.190 (.000)	1.000								
장애고용	-.165 (.002)	-.041 (.448)	-.026 (.632)	-.031 (.572)	-.036 (.508)	.127 (.019)	1.000							
여성채용	.065 (.233)	.123 (.024)	-.116 (.033)	-.112 (.038)	.115 (.034)	.034 (.537)	-.123 (.023)	1.000						
기부금	-.011 (.845)	.053 (.328)	-.008 (.881)	-.014 (.793)	.076 (.164)	.038 (.483)	-.042 (.436)	-.019 (.725)	1.000					
사회봉사	-.043 (.429)	.089 (.101)	-.077 (.158)	-.082 (.132)	.106 (.051)	.101 (.064)	.313 (.000)	.446 (.000)	.788 (.000)	1.000				
수익성	-.018 (.740)	.124 (.022)	.066 (.223)	.075 (.170)	.102 (.060)	.058 (.290)	-.006 (.909)	.023 (.674)	.249 (.000)	.212 (.000)	1.000			
성장성	.000 (.996)	-.029 (.594)	.040 (.458)	.029 (.590)	-.063 (.246)	-.005 (.928)	.009 (.868)	-.025 (.647)	-.005 (.928)	-.013 (.811)	.136 (.012)	1.000		
노동생산	.040 (.458)	-.034 (.535)	.046 (.401)	-.042 (.436)	.032 (.557)	-.009 (.864)	.070 (.196)	-.041 (.446)	-.078 (.151)	-.056 (.300)	.081 (.135)	.064 (.243)	1.000	
경제발전	.010 (.854)	.213 (.000)	-.127 (.019)	.101 (.064)	.196 (.000)	.118 (.030)	-.042 (.440)	.018 (.735)	.278 (.000)	.218 (.000)	.363 (.000)	-.007 (.905)	.144 (.008)	1.000

15) 15회 상관관계 분석결과

15회 경제정의지수 평가항목들 간의 상관관계 분석결과를 살펴보면 다음과 같다. 우선, 기부금 항목과 수익성 항목이 정(+)의 관계를 나타내었으나 14회에 비해 상관관계의 정도가 약화되었다.(0.249에서 0.140으로) 또한 장애인 고용비율과 여성채용비율은 14회와 마찬가지로 부(−)의 관계를 나타냄으로써 같은 사회의 약자로 분류됨에도 불구하고 다른 방향으로의 관계를 보이고 있다. 마지막으로 경제발전기여도 항목은 내부지분율, 사외이사 비율, 기부금, 사회봉사기여도, 수익성, 노동생산성 증가율 등의 항목들과 정(+)의 관계를 보였으며 다만, 관계사 출자와는 부(−)의 관계를 보였다.

〈표 24〉 15회(2005년도) 상관관계 분석 결과

	내부자본	전문경영	관계출자	관계보증	사외비율	사외참여	장애고용	여성채용	기부금	사회봉사	수익성	성장성	노동생산	경제발전
내부자본	1.000	.105 (.047)	-.087 (.101)	-.023 (.663)	.197 (.000)	.008 (.884)	-.137 (.010)	.136 (.010)	.124 (.019)	.105 (.048)	.005 (.928)	.010 (.848)	.059 (.264)	.119 (.025)
전문경영		1.000	-.088 (.096)	-.073 (.170)	.296 (.000)	.007 (.896)	-.093 (.081)	.044 (.409)	.164 (.002)	.110 (.038)	.127 (.016)	.033 (.537)	-.045 (.395)	.069 (.194)
관계출자			1.000	.396 (.000)	-.096 (.070)	-.003 (.949)	-.095 (.073)	-.047 (.381)	.044 (.405)	-.027 (.608)	-.027 (.612)	.096 (.071)	-.032 (.541)	-.139 (.009)
관계보증				1.000	-.041 (.436)	.063 (.235)	-.097 (.066)	.010 (.844)	-.072 (.177)	-.091 (.087)	.063 (.239)	-.014 (.798)	.022 (.679)	.064 (.230)
사외비율					1.000	.078 (.144)	.003 (.954)	.161 (.002)	.146 (.006)	.192 (.000)	.224 (.000)	-.085 (.111)	.059 (.271)	.157 (.003)
사외참여						1.000	.041 (.443)	.031 (.558)	.039 (.462)	.062 (.243)	.081 (.129)	-.007 (.900)	.020 (.700)	.033 (.538)
장애고용							1.000	-.102 (.056)	-.105 (.048)	.285 (.000)	-.079 (.139)	-.036 (.500)	-.101 (.057)	-.000 (.997)
여성채용								1.000	.145 (.006)	.547 (.000)	.065 (.222)	.023 (.670)	.094 (.078)	.050 (.351)
기부금									1.000	.801 (.000)	.140 (.008)	-.028 (.596)	-.071 (.181)	.184 (.001)
사회봉사										1.000	.107 (.044)	-.026 (.627)	-.052 (.325)	.166 (.002)
수익성											1.000	.043 (.416)	.411 (.000)	.416 (.000)
성장성												1.000	.237 (.000)	-.086 (.104)
노동생산													1.000	.116 (.028)
경제발전														1.000

16) 16회 상관관계 분석결과

<표 25> 16회(2006년도) 상관관계 분석 결과

	내부지분	전문경영	관계출자	관계보증	사외비율	사외참여	장애고용	여성채용	기부금	사회봉사	수익성	성장성	노동생산	경제발전
내부지분	1.000													
전문경영	.187 (.001)	1.000												
관계출자	-.052 (.361)	-.120 (.034)	1.000											
관계보증	.002 (.966)	-.060 (.292)	.307 (.000)	1.000										
사외비율	.160 (.005)	.212 (.000)	.025 (.656)	-.018 (.753)	1.000									
사외참여	-.002 (.970)	.004 (.938)	.014 (.801)	.170 (.003)	.029 (.611)	1.000								
장애고용	-.068 (.229)	.028 (.628)	-.156 (.006)	-.198 (.000)	.095 (.094)	.045 (.429)	1.000							
여성채용	.041 (.470)	.106 (.062)	-.024 (.679)	-.032 (.573)	.046 (.417)	.012 (.828)	-.146 (.010)	1.000						
기부금	.076 (.182)	.178 (.002)	-.005 (.932)	-.085 (.136)	.093 (.102)	.049 (.386)	.084 (.141)	.064 (.263)	1.000					
사회봉사	.044 (.438)	.192 (.001)	-.084 (.137)	-.167 (.003)	.133 (.019)	.063 (.269)	.451 (.000)	.416 (.000)	.818 (.000)	1.000				
수익성	.118 (.038)	.214 (.000)	.008 (.892)	.107 (.061)	.157 (.006)	.020 (.722)	-.122 (.032)	.094 (.098)	.159 (.005)	.106 (.063)	1.000			
성장성	.046 (.424)	-.008 (.883)	-.001 (.982)	-.012 (.837)	-.056 (.322)	-.044 (.441)	-.067 (.240)	.010 (.867)	.018 (.755)	-.012 (.827)	.242 (.000)	1.000		
노동생산	.002 (.976)	-.142 (.012)	-.031 (.589)	.001 (.981)	-.020 (.730)	-.030 (.593)	-.024 (.679)	-.021 (.714)	-.081 (.154)	-.080 (.157)	.067 (.239)	.036 (.533)	1.000	
경제발전	.178 (.002)	.103 (.069)	-.059 (.299)	.107 (.060)	.099 (.081)	-.016 (.776)	.090 (.113)	-.002 (.974)	.208 (.000)	.196 (.001)	.363 (.000)	.248 (.000)	.039 (.494)	1.000

16회 상관관계 분석결과를 살펴보면 다음과 같다. 우선, 기부금 항목과 수익성 항목에 있어서 15회에 비해 강한 정(+)의 관계를 나타내었다. 또한 장애인 고용비율과 여성채용비율은 여전히 부(-)의 관계를 나타내고 있으며 경제발전기여도 항목은 내부지분율, 전문경영인 정도, 관계사 지급보증, 사외이사 비율, 기부금, 사회봉사 기여도, 수익성, 성장성 등 거의 모든 항목들과 정(+)의 관계를 보였으며 사외이사의 이사회 참여 항목과는 부(-)의 관계를 보였다.

2. 업종별 사회적 성과 지표 차이 분석

다음으로 업종별 사회적 성과 지표 차이 분석을 실시하였다. 분석방법은 일원분산분석(one-way ANOVA)을 사용하였으며, 분석의 결과는 아래 <표 26>에 정리되어 있다.

아래의 <표 26>에서 보는 바와 같이 업종별 차이가 나는 사회적 성과 지표는 사회봉사, 소비자만족도, 환경보호, 직원만족, 경제발전 등이었다. 또한 어떤 업종 간 차이가 나타나는지를 살펴본 결과,

- 사회봉사의 경우, 식약/섬유/종이 업종(3.92)이 전기전자/기계 업종(3.34), 비제조업/서비스 업(3.50), 금속/비금속/화학 업종(3.59)에 비해 통계적으로 유의하게 높게 나타났다.
- 소비자만족도의 경우, 식약/섬유/종이 업종(3.22)이 금속/비금속/화학(3.53), 전기전자/기계(3.47), 비제조업/서비스(3.41) 등 타 업종에 비해 통계적으로 유의하게 낮게 나타났다.
- 환경보호의 경우, 점수가 가장 높았던 업종은 금속/비금속/화학 업종(5.91)으로 이들 업종에 속한 기업들의 환경보호 노력을

짐작하게 하며, 가장 낮은 업종은 비제조업 / 서비스 업종(5.28)으로 이들 기업은 업종 성격상 환경보호에 대한 상대적 관심이 낮을 수밖에 없을 것으로 판단된다.

- 직원만족의 경우, 식약 / 섬유 / 종이 업종(5.90)과 비제조업 / 서비스 업종(5.58)이 높았으며, 전기전자 / 기계 업종(4.83)과 금속 / 비금속 / 화학 업종(4.97)이 낮게 나타났다.
- 경제발전 기여도의 경우, 금속 / 비금속 / 화학(4.88), 전기전자 / 기계(4.76), 식약 / 섬유 / 종이(4.72), 비제조업 / 서비스 업종(4.54)의 순이었다.

〈표 26〉 업종별 사회적 성과 지표 차이 분석

		Sum of Squares	df	Mean Square	F	Sig.
건전성	집단간	20.114	3	6.705	2.071	.104
	집단내	1088.000	336	3.238		
	Total	1108.113	339			
공정성	집단간	.764	3	.255	.324	.808
	집단내	264.211	336	.786		
	Total	264.975	339			
사회봉사	집단간	15.248	3	5.083	5.283	.001
	집단내	323.238	336	.962		
	Total	338.485	339			
소비자만	집단간	4.537	3	1.512	11.322	.000
	집단내	44.883	336	.134		
	Total	49.420	339			
환경보호	집단간	17.567	3	5.856	8.280	.000
	집단내	237.615	336	.707		
	Total	255.182	339			

		Sum of Squares	df	Mean Square	F	Sig.
직원만족	집단간	65.644	3	21.881	14.822	.000
	집단내	496.017	336	1.476		
	Total	561.662	339			
경제발전	집단간	4.948	3	1.649	3.145	.025
	집단내	176.236	336	.525		
	Total	181.184	339			
총 점	집단간	46.772	3	15.591	1.191	.313
	집단내	4400.161	336	13.096		
	Total	4446.933	339			

3. 전체기업의 평가 점수 평균 추이 분석

1) 1회~10회

경제정의지수 평가 결과에 대한 전체 기업의 평점 값의 평균 점수 추세를 살펴보면, 5년간 계속적으로 사회적 성과 평가 결과들이 증가하다가 세계화와 1997년 외환위기를 겪으면서 사회적 책임에 대한 관심도가 조금 떨어지는 것을 볼 수 있다.

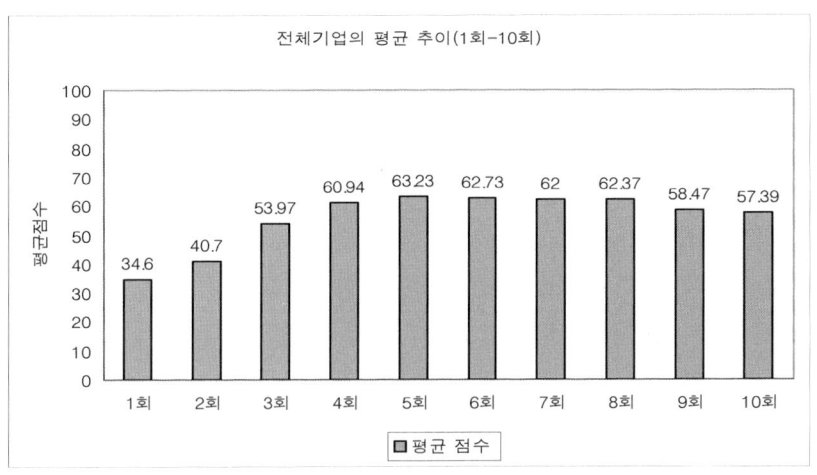

〈그림 3〉 전체기업의 평균 점수 추이(1회 - 10회)

특히, 5회의 전체기업 평균 점수는 100점 만점 중 63.23점으로 우리나라 기업들의 사회적 책임과 기업윤리에 대한 관심도가 아직 만족스러운 상태에는 이르고 있다고 할 수 없으나 1회에서의 34.60점, 2회에서의 40.70점, 3회에서의 53.97점 및 4회에서의 60.94점과 비교해 볼 때 상당히 빠른 속도로 개선되고 있는 것으로 보인다. 또 6회에서 8회까지 62점대를 유지하던 평균 득점이 9회 때 가서 크게 낮아졌는데 9회의 평가대상 년도인 1999년 당시의 경제여건 상 각 기업이 재무구조의 안정, 구조조정, 수익성 창출노력 등에 힘을 쏟으면서 상대적으로 기업의 사회적 책임에 대한 여력과 관심도가 낮아진 것으로 사료된다.

10회의 전체기업의 평균 득점이 57.39점으로 9회의 58.55점보다 약간 떨어졌다. 10회의 경우 평가 지표 및 평가방법이 어느 정도 변경되어 단순 비교는 사실상 힘들겠지만, 이는 6회에서 8회까지 62점대를 유지하던 평균 득점에 비하면 크게 낮아진 것인데 앞서 언급하

였듯이 이는 9회 이후부터 외환위기와 같은 기업의 대외적인 환경이
좋지 않았기 때문인 것으로 판단되어 진다.

2) 11회 ~ 16회

11회부터 16회까지의 경제정의지수 평가 결과에 대한 전체 기업
평점 값의 추세를 살펴보면, 우선, 11회의 경우 전년도에 비해 다소
하락하다가 12회부터 16회까지 완만한 증가세를 보이고 있다. 11회
의 경우 전체기업의 평균 득점이 57.17점으로 10회에 비해 다소 떨
어지는 성과를 기록하였으며, 12회에서는 55.27점으로 2년 연속으로
하락하였다. 하지만 13회부터 다시 회복되기 시작하면서 58.12점을 기
록하였고, 14회에서는 13회와 비슷한 58.88점을 기록하였다.

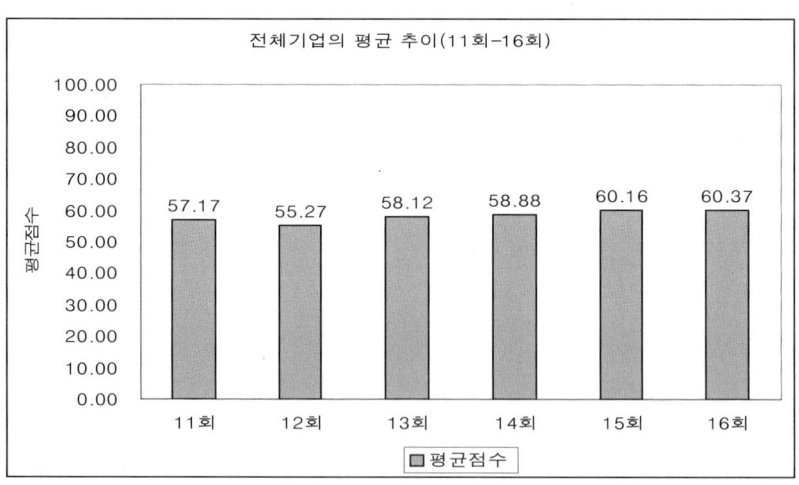

〈그림 4〉 전체기업의 평균 점수 추세(11회–16회)

1997년 외환위기의 여파로 국내기업들의 사회적 성과가 떨어졌다가 시간이 흐름에 따라 기업들의 이익이 호전을 보이면서 사회적 성과 또한 회복세를 보이고 있는 것으로 판단되어 진다. 다음으로 2005년의 15회에서는 전체 평균점수가 60.16점으로 7년 만에 60점대를 회복하였으며 2006년도의 16회에서는 60.37점으로 완만한 증가세를 이어갔으며 이를 통해서 볼 때, 국내기업들의 사회적 성과가 안정세를 보이고 있음을 알 수 있었다.

제7장

실증분석 결과

1. 경제정의지수 평가모형의 항목별 점수와 경제적 성과간의 관계

본 연구는 높은 사회적 성과가 기업의 가치를 상승시킨다는 것을 기본 명제로 하여 경제정의지수모형의 항목별 평가결과들과 기업의 경제적 성과를 나타내는 자기자본이익률(ROE), 주가수익률간의 관계를 실증분석하였다.

이를 위해 지난 16년간의 경제정의지수 항목별 결과를 독립변수로 하고 다음 해(t+1)의 해당 기업의 자기자본이익률과 주가수익률을 종속변수로 하는 횡단면회귀분석(cross-sectional regression)을 실시하였으며, 통제변수로 기업의 규모를 나타내는 시가총액에 자연로그를 취한 값을 회귀식에 추가하였다. 또한 기업의 가치에 영향을 미칠 수 있는 다른 재무적 변수들 가운데 부채비율을 추가한 회귀분석을 실시하였고 이를 식으로 나타내면 다음과 같다.

$$R_{i,t+1} = \alpha_i + \beta_{1i}\log(SIZE)_{i,t+1} + \beta_{2i}CSR_{i,t} + \beta_{3i}BR_{i,t+1} + \epsilon_i$$

120

여기서, 종속변수인 R_i는 기업 i의 다음 기의 자기자본이익률(ROE) 과 다음 기의 주식수익률을 사용하며 독립변수는 해당 기업 i의 경 제정의지수 모형의 평가점수를 사용한다. 이러한 기본 회귀모형에 기업의 규모를 나타내는 독립변수와 기업 i의 부채비율을 추가한 다 중회귀분석을 실시하였다.

또한 기업 i의 사회적 성과를 나타내는 대용변수로 사용된 경제정 의지수 모형의 평가점수의 경우, 우선적으로 모든 평가항목의 점수 를 합계한 종합 점수를 사용하여 분석하였고, 이에 추가적으로 다음 의 표에서 설명된 바와 같이 경제정의지수의 평가항목별 점수를 사 용한 회귀분석을 실시하였다.

경제정의지수의 평가항목은 회를 거듭하면서 수정이 이루어진 관계 로 1회의 경우에는 건전성, 사회봉사, 경제발전의 3항목별 회귀분석을 실시하였고, 2회부터 10회까지는 소비자보호 항목을 제외한 6개 항목을 차례로 대입하여 회귀분석을 실시하였으며, 11회부터 16회까지는 경제 정의지수를 구성한 7개 항목 모두를 회귀분석의 독립변수로 사용하여 항목별로 기업의 경제적 성과에 어떤 영향을 미쳤는지를 살펴보았다.

〈표 27〉 회별(回別) 측정 항목 내용

1회	건전성, 사회봉사, 경제발전
2회 - 10회	건전성, 공정성, 사회봉사, 환경보호, 종업원, 경제발전
11회 - 16회	건전성, 공정성, 사회봉사, 소비자보호, 환경보호, 종업원, 경제발전

앞서 언급한 바와 같이 경제정의지수는 회를 거듭하면서 평가방식 이나 평가항목의 변화가 있어왔기 때문에 전체기간에 대한 회귀분석 은 적절치 않은 것으로 판단되어 1회(1991년)부터 16회(2006년)까지 연도별로 위의 횡단면 회귀분석을 실시하였으며, 이들 회귀분석의

결과를 통해서 평가항목별로 경제적 성과에 영향을 미치는 정도가 어떻게 변화되었는지, 평가의 방법과 항목에 있어서의 변화가 기업의 사회적 성과를 종합적으로 평가하는데 있어서 과연 적절한가에 대한 분석을 추가로 실시하였다.

1) 기업의 사회적 성과와 다음 기의 경제적 성과간의 관계

Waddock and Graves(1997)의 연구에서는 기업이 제반 기업활동을 건전하고 공정하게 유지하며 이해 관계자를 비롯한 사회에 대한 책임을 충실히 수행할 때 수익성, 단기 상환능력, 그리고 부채 비율과 같은 재무적 성과에 있어서 더 좋은 성과를 얻을 수 있다는 것을 밝혔다.

또한 이들은 이러한 결과를 얻은 이유에 대해 높은 재무적 성과로 여유 자원의 사용이 잠재적으로 가능한 기업들이 기업의 사회적 성과 향상을 위한 투자에 훨씬 자유로울 수 있고, 반면에 재정적 어려움을 겪는 기업들은 상대적으로 사회적 성과활동에 차별화된 투자가 어려울 것이라는 여유자원이론을 이용하여 설명하고 있다.

본 연구에서는 연도별로 이번 기의 경제정의지수 상의 사회적 성과가 다음 기의 기업의 경제적 성과에 어떠한 영향을 미치는 지를 실증분석하였고, 이에 대한 결과는 다음과 같다.

(1) 1회(1991년)

국내 기업들에게 있어서 건전성, 사회봉사, 경제발전 항목으로 측정된 사회적 성과가 다음 기 해당 기업의 자기자본이익률에는 부(−)의 영향을, 주가수익률에는 정(+)의 영향을 미치는 것으로 나타났다. 하지만 이러한 결과들은 모두 통계적으로 유의한 수준은 아니었다. 단, 부채비율과 같은 기업특성변수가 추가된 회귀분석에 있어서는 부채비율이 높은 기업일수록 다음 기의 주식수익률이 낮아지는 관계가 있다는 결과만이 통계적으로 5% 내에서 유의하였다.

이렇듯, 경제정의지수로 측정한 기업의 사회적 성과와 다음 기 해당 기업의 경제적 성과와의 관계에 대한 실증분석에서 통계적으로 유의한 결론을 얻지 못한 것은 사회적 성과를 측정하는데 있어서 측정항목이 제한적이었고 그로 인해 제대로 된 사회적 성과 측정이 이루어지지 않았기 때문인 것으로 사료된다.

〈표 28〉금기 사회적 성과와 다음 기 경제적 성과간의 관계 결과(1회)

종속변수	기업규모	사회적 성과	부채비율	Adj. R^2
ROE		−0.4058 (−1.26)		0.0058
	0.7501 (0.80)	−0.4299 (−1.32)		0.0021
	0.7329 (0.78)	−0.3316 (−0.99)	−0.0071 (−1.09)	0.0042
주가수익률		1.2396 (0.94)		−0.0012
	−6.2419 (−1.64)	1.4394 (1.10)		0.0157
	−6.3771* (−1.71)	2.2119 (1.65)	−0.0559** (−2.16)	0.0514

*, **, ***은 각각 통계적으로 10%, 5%, 1% 내에서 유의하다는 것을 나타냄.

(2) 2회(1992년)

1992년에 경제정의지수로 측정된 국내 기업들의 사회적 성과가 다음 기 해당 기업의 경제적 성과에 미치는 영향을 살펴본 결과, 이전 1회 때와는 다른 결과가 나타났다. 건전성, 공정성, 사회봉사, 환경보호, 종업원, 경제발전 기여도 항목으로 측정된 사회적 성과가 다음 기 해당 기업의 자기자본이익률과 주가수익률 모두에 부(−)의 영향을 미치는 것으로 나타났으며 이와 같은 결과는 모두 통계적으로 유의한 수준이었다. 특히, 이번 기의 경제정의지수로 측정된 사회적 성과는 다음 기의 자기자본이익률 보다 주가수익률에 훨씬 더 부정적인 영향을 미치는 것으로 나타났다.

이러한 결과는 사회적 책임을 충실하게 수행할 때 수익성, 단기 상환능력, 그리고 부채비율과 같은 재무적 성과에 있어서 더 좋은 성과를 얻을 수 있다는 Waddock and Graves(1997)의 연구결과와 상반된 것으로 본 연구가설과도 상반된 결과이다.

이러한 결과가 나타난 것은 다른 선진국과는 다르게 기업의 사회적 책임에 대한 기업과 소비자의 인식이 국내에서는 자리를 잡지 못한 것으로 판단되어진다. 즉, 기업이 사회적 책임을 다하기 위해 지출하는 금액에 대해 기업을 둘러싼 이해관계자 집단과 사회는 이를 투자로 인식하기보다는 불필요한 지출로만 인식하고 있다는 것을 의미한다.

124

5

5

5

〈표 29〉 금기 사회적 성과와 다음 기 경제적 성과간의 관계 결과(2회)

종속변수	기업규모	사회적 성과	부채비율	Adj. R^2
ROE		−0.2790** (−2.31)		0.0350
	−0.4864 (−0.84)	−0.2343* (−1.78)		0.0327
	−0.3938 (−0.67)	−0.2275* (−1.72)	−0.0034 (−0.82)	0.0299
주가수익률		−1.6983** (−2.44)		0.0395
	12.0353*** (3.80)	−2.8051*** (−3.88)		0.1368
	11.3288*** (3.51)	−2.8566*** (−3.95)	0.0256 (1.14)	0.1389

*, **, ***은 각각 통계적으로 10%, 5%, 1% 내에서 유의하다는 것을 나타냄.

또한 통제변수로 사용된 기업규모와 주가수익률 간의 관계는 정 (+)의 관계를 보였으며, 이러한 결과는 통계적으로 1% 내에서 유의한 수준이었다. 즉, 기업의 규모가 클수록 다음 기의 주가수익률은 높은 것으로 나타났다.

(3) 3회(1993년)

1993년에 경제정의지수로 측정된 국내 기업들의 사회적 성과가 다음 기 해당 기업의 경제적 성과에 미치는 영향은 이전 2회 때와 비슷한 결과가 나타났다. 건전성, 공정성, 사회봉사, 환경보호, 종업원, 경제발전 기여도 항목으로 측정된 사회적 성과가 다음 기 해당 기업의 자기자본이익률과 주가수익률 모두에 부(−)의 영향을 미치는 것으로 나타났으며 이와 같은 결과는 대부분 통계적으로 유의한 수준이었다. 하지만 금기의 사회적 성과와 다음 기의 자기자본이익률 간의 단순 회귀분석 결과와 이에 기업규모 변수를 추가한 다중 회귀분석의 결과에서는 통계적으로 유의한 결과를 얻지 못하였다.

이렇듯 금기의 사회적 성과와 다음 기의 경제적 성과간의 관계가 부(-)의 관계가 나타남에 따라 이전 2회 때와 마찬가지로 기업의 사회적 책임에 대한 국내 사회의 이에 대한 인식이 여전히 부정적인 것을 알 수 있다.

또한 통제변수로 사용된 기업규모와 주가수익률 간의 관계는 정(+)의 관계를 보였으며, 부채비율과 자기자본이익률과의 관계는 부(-)의 관계를 보였으며 이는 통계적으로 유의한 수준의 결과였다. 즉, 부채비율이 높은 기업일수록 다음 기의 자기자본이익률은 감소하는 것으로 나타났다.

〈표 30〉 금기 사회적 성과와 다음 기 경제적 성과간의 관계 결과(3회)

종속변수	기업규모	사회적 성과	부채비율	Adj. R^2
ROE		-0.0415 (-0.23)		-0.0050
	1.3303* (1.86)	-0.1769 (-0.91)		0.0078
	1.7832** (2.49)	-0.3609* (-1.81)	-0.0148** (-3.04)	0.0492
주가수익률		-2.9099** (-2.54)		0.0277
	7.5687* (1.67)	-3.6802*** (-3.00)		0.0367
	6.1057 (1.32)	-3.0857** (-2.40)	0.0478 (1.52)	0.0434

*, **, ***은 각각 통계적으로 10%, 5%, 1% 내에서 유의하다는 것을 나타냄.

(4) 4회(1994년)

1994년에 경제정의지수로 측정된 국내 기업들의 사회적 성과가 다음 기 해당 기업의 경제적 성과에 미치는 영향은 자기자본이익률에 있어서는 정(+)의 관계가, 주가수익률에 대해서는 부(-)의 관계가 있는 것으로 나타났으며 이러한 결과는 통계적으로 유의하지 않았다.

그러나 기업규모와 부채비율을 추가한 다중회귀분석에 있어서 기업규모는 다음 기의 경제적 성과와 정(+)의 관계를, 부채비율은 다음 기의 경제적 성과와 부(-)의 관계가 있음이 나타났고, 이러한 결과는 통계적으로 유의한 수준이었다. 즉, 기업의 규모가 큰 기업일수록 다음 기에 높은 경제적 성과를 보였으며, 부채비율이 낮은 기업일수록 다음 기의 경제적 성과가 높은 것으로 나타났다.

〈표 31〉 금기 사회적 성과와 다음 기 경제적 성과간의 관계 결과(4회)

종속변수	기업규모	사회적 성과	부채비율	Adj. R^2
ROE		0.1039 (0.56)		-0.0031
	1.2994* (1.70)	0.0439 (0.23)		0.0054
	1.4981** (2.01)	-0.1211 (-0.64)	-0.0179*** (-3.60)	0.0564
주가수익률		0.2822 (1.11)		0.0010
	7.1120*** (7.51)	-0.0464 (-0.20)		0.2005
	7.2970*** (7.79)	-0.1999 (-0.85)	-0.0166*** (-2.67)	0.2220

*, **, ***은 각각 통계적으로 10%, 5%, 1% 내에서 유의하다는 것을 나타냄.

(5) 5회(1995년)

1995년에 경제정의지수로 측정된 국내 기업들의 사회적 성과가 다음 기 해당 기업의 경제적 성과에 미치는 영향은 자기자본이익률과 주가수익률 모두에 있어서 정(+)의 관계가 있는 것으로 나타났으며 이러한 결과는 통계적으로 유의하지 않았다.

또한 기업규모와 부채비율을 추가한 다중 회귀분석에서 있어서 부채비율은 이전의 결과들과 동일하게 다음 기의 경제적 성과와 부(−)의 관계가 있음이 나타났지만, 기업규모는 다음 기의 주식수익률과 부(−)의 관계가 있음이 밝혀졌고, 이러한 결과는 통계적으로 유의한 수준이었다. 이는 기업의 규모가 큰 기업일수록 다음 기에 낮은 경제적 성과를 보였다는 것을 의미하며 이러한 결과는 1996년도에 비교적 기업의 규모가 큰 대기업 집단의 주가가 많이 하락했기 때문인 것으로 판단되어 진다.

〈표 32〉 금기 사회적 성과와 다음 기 경제적 성과간의 관계 결과(5회)

종속변수	기업규모	사회적 성과	부채비율	Adj. R^2
ROE		0.2158 (1.13)		0.0013
	−0.0043 (−0.01)	0.2161 (1.11)		−0.0032
	0.2940 (0.42)	0.0559 (0.28)	−0.0099** (−2.60)	0.0223
주가수익률		0.4818 (0.46)		−0.0036
	−10.9435*** (−2.91)	1.1419 (1.08)		0.0292
	−10.7247*** (−2.81)	1.0245 (0.92)	−0.0073 (−0.35)	0.0253

*, **, ***은 각각 통계적으로 10%, 5%, 1% 내에서 유의하다는 것을 나타냄.

(6) 6회(1996년)

국내 기업들에게 있어서 건전성, 공정성, 사회봉사, 환경보호, 종업원, 경제발전 항목으로 측정된 사회적 성과가 다음 기 해당 기업의 자기자본이익률과 주식수익률과의 단순회귀분석에서는 정(+)의 영향을, 기업규모와 부채비율이 포함된 다중회귀분석에서는 부(-)의 영향을 미치는 것으로 나타났다. 하지만 이러한 결과들은 모두 통계적으로 유의한 수준은 아니었다.

그리고 기업규모와 부채비율을 추가한 다중 회귀분석에 있어서 기업규모는 다음 기의 경제적 성과와 정(+)의 관계를, 부채비율은 다음 기의 경제적 성과와 부(-)의 관계가 있음이 나타났고, 이러한 결과는 통계적으로 유의한 수준이었다. 즉, 기업의 규모가 큰 기업일수록 다음 기에 높은 경제적 성과를 보였으며, 부채비율이 낮은 기업일수록 다음 기의 경제적 성과가 높은 것으로 나타났다.

〈표 33〉 금기 사회적 성과와 다음 기 경제적 성과간의 관계 결과(6회)

종속변수	기업규모	사회적 성과	부채비율	Adj. R^2
ROE		0.2727 (0.80)		-0.0015
	3.4401*** (3.04)	-0.0936 (-0.26)		0.0328
	3.0630*** (3.06)	-0.2937 (-0.93)	-0.0329*** (-8.06)	0.2419
주가수익률		1.0804 (1.31)		0.0030
	15.7977*** (6.04)	-0.6019 (-0.74)		0.1350
	15.3784*** (6.02)	-0.8244 (-1.03)	-0.0366*** (-3.51)	0.1753

*, **, ***은 각각 통계적으로 10%, 5%, 1% 내에서 유의하다는 것을 나타냄.

(7) 7회(1997년)

1997년에 측정된 국내 기업들의 사회적 성과가 다음 기 해당 기업의 자기자본이익률과 주식수익률과의 단순회귀분석에서는 정(+)의 영향을, 기업규모와 부채비율이 포함된 다중회귀분석에서는 부(-)의 영향을 미치는 것으로 나타났다. 이러한 결과는 이전 6회 때의 결과와 동일한 것으로 모두 통계적으로 유의한 수준은 아니었다.

그리고 기업규모와 부채비율을 추가한 다중 회귀분석에 있어서 기업규모는 다음 기의 경제적 성과와 정(+)의 관계를, 부채비율은 다음 기의 경제적 성과와 부(-)의 관계가 있음이 나타났고, 이러한 결과는 통계적으로 1% 내에서 유의한 수준이었다. 즉, 기업의 규모가 큰 기업일수록 다음 기에 높은 경제적 성과를 보였으며, 부채비율이 낮은 기업일수록 다음 기의 경제적 성과가 높은 것으로 나타났다.

하지만, 금기의 사회적 성과와 다음 기의 주가수익률과의 다중 회귀분석에서는 부채비율의 베타 계수의 부호가 부(-)인 것으로 나타났고 이러한 결과는 통계적으로 5% 내에서 유의한 것이었다. 즉, 부채비율이 높은 기업일수록 다음 기의 주가수익률이 높았다는 것을 나타낸다.

이것은 1997년 당시 외환위기로 인해서 기업들이 외부로부터 자금을 차입하기가 어려운 상황이었으므로 이때 부채비율이 높다는 것은 곧 신용등급이 높은 기업임을 뜻하며 그에 따라 이러한 신용도를 반영해서 다음 해에 주가수익률이 높게 나타났던 것으로 판단되어진다.

130

〈표 34〉 금기 사회적 성과와 다음 기 경제적 성과간의 관계 결과(7회)

종속변수	기업규모	사회적 성과	부채비율	Adj. R^2
ROE		0.2967 (0.70)		-0.0021
	5.2339*** (4.42)	-0.2343 (-0.55)		0.0699
	4.7031*** (4.44)	-0.4968 (-1.30)	-0.0677*** (-7.86)	0.2591
주가수익률		0.4643 (0.34)		-0.0037
	17.4860*** (4.61)	-1.3095 (-0.96)		0.0747
	18.0215*** (4.78)	-1.0447 (-0.77)	0.0682** (2.23)	0.0898

*, **, ***은 각각 통계적으로 10%, 5%, 1% 내에서 유의하다는 것을 나타냄.

(8) 8회(1998년)

1998년에 경제정의지수로 측정된 국내 기업들의 사회적 성과가 다음 기 해당 기업의 경제적 성과에 미치는 영향은 자기자본이익률과 주가수익률 모두에 있어서 부(-)의 관계가 있는 것으로 나타났다. 여기서, 이번 기의 기업의 사회적 성과와 다음 기의 자기자본이익률과의 관계에 있어서 기업규모와 부채비율이 포함된 다중회귀분석에서의 결과만이 통계적으로 5% 내에서 유의한 수준이었고 그 외의 다른 결과들은 통계적으로 유의하지 않았다.

〈표 35〉금기 사회적 성과와 다음 기 경제적 성과간의 관계 결과(8회)

종속변수	기업규모	사회적 성과	부채비율	Adj. R^2
ROE		−0.0197 (−0.09)		−0.0043
	2.5487*** (3.77)	−0.2838 (−1.24)		0.0503
	1.9473*** (3.33)	−0.4135** (−2.10)	−0.0672*** (−9.03)	0.2974
주가수익률		1.1835 (0.48)		−0.0033
	45.4381*** (6.42)	−3.5255 (−1.47)		0.1460
	46.1325*** (6.47)	−3.3758 (−1.41)	0.0776 (0.86)	0.1450

*, **, ***은 각각 통계적으로 10%, 5%, 1% 내에서 유의하다는 것을 나타냄.

또한 기업규모와 부채비율을 추가한 다중회귀분석에서 있어서 기업규모는 다음 기의 경제적 성과와 정(+)의 관계를, 부채비율은 다음 기의 경제적 성과와 부(−)의 관계가 있음이 나타났고, 이러한 결과는 대체로 통계적으로 유의한 수준이었다. 즉, 기업의 규모가 큰 기업일수록 다음 기에 높은 경제적 성과를 보였으며, 부채비율이 낮은 기업일수록 다음 기의 경제적 성과가 높은 것으로 나타났다.

(9) 9회(1999년)

1999년에 경제정의지수로 측정된 국내 기업들의 사회적 성과가 다음 기 해당 기업의 경제적 성과에 미치는 영향은 자기자본이익률과 주가수익률 모두에 있어서 정(+)의 관계가 있는 것으로 나타났다. 하지만 이러한 결과들은 통계적으로 유의하지는 않았다.

〈표 36〉 금기 사회적 성과와 다음 기 경제적 성과간의 관계 결과(9회)

종속변수	기업규모	사회적 성과	부채비율	Adj. R²
ROE		0.4677 (1.32)		0.0033
	3.5838*** (3.01)	0.0501 (0.13)		0.0375
	3.0729*** (3.57)	−0.8787*** (−3.16)	−0.1370*** (−14.38)	0.4961
주가수익률		0.2288 (0.34)		−0.0039
	−4.0158* (−1.77)	0.6967 (0.98)		0.0055
	−4.1321* (−1.82)	0.4853 (0.66)	−0.0312 (−1.24)	0.0079

*, **, ***은 각각 통계적으로 10%, 5%, 1% 내에서 유의하다는 것을 나타냄.

한편, 이번 기의 기업의 사회적 성과와 다음 기의 자기자본이익률과의 관계에 있어서 기업규모와 부채비율이 포함된 다중회귀분석에서의 결과만이 이전의 결과와 동일하게 부(−)의 관계가 있는 것으로 나타났고, 이러한 결과는 통계적으로 1% 내에서 유의한 수준이었다.

또한 기업규모와 부채비율을 추가한 다중회귀분석에서 있어서 부채비율은 다음 기의 경제적 성과와 부(−)의 관계가 있음이 나타났으나 기업규모에 있어서는 기업의 성과와 자기자본이익률 간의 관계에서는 정(+)의 관계가, 기업의 사회적 성과와 주가수익률과의 관계에서는 부(−)의 관계가 있는 것으로 나타났다.

(10) 10회(2000년)

2000년에 경제정의지수로 측정된 국내 기업들의 사회적 성과가 다음 기 해당 기업의 경제적 성과에 미치는 영향은 자기자본이익률과 주가수익률 모두에 있어서 정(+)의 관계가 있는 것으로 나타났고, 특히 이번 기의 기업의 사회적 성과와 다음 기의 자기자본이익률 간의 관계에 있어서는 모두 통계적으로 1% 내에서 유의한 수준의 결과였다.

이러한 결과는 사회적 책임을 충실하게 수행할 때 수익성, 단기 상환능력, 그리고 부채비율과 같은 재무적 성과에 있어서 더 좋은 성과를 얻을 수 있다는 Waddock and Graves(1997)의 연구결과와 일치하는 것으로 이번 기의 기업의 사회적 성과가 높으면 다음 기의 경제적 성과가 높을 것이라는 본 연구의 가설 1이 지지되고 있음을 나타낸 결과이다.

이전까지의 결과에서는 기업의 사회적 성과가 다음 기의 경제적 성과에 부(-) 영향을 미치다가 이번 회의 결과에서 정(+)의 영향을 미치는 것으로 나타난 이유는 기업의 사회적 책임에 대한 인식이 많이 호전되었음을 의미한다고 할 수 있을 것이다.

또한 기업규모와 부채비율을 추가한 다중회귀분석에서 있어서 기업규모는 다음 기의 경제적 성과와 정(+)의 관계를, 부채비율은 다음 기의 경제적 성과와 부(-)의 관계가 있음이 나타났고, 이러한 결과는 대체로 통계적으로 유의한 수준이었다. 즉, 기업의 규모가 큰 기업일수록 다음 기에 높은 경제적 성과를 보였으며, 부채비율이 낮은 기업일수록 다음 기의 경제적 성과가 높은 것으로 나타났다.

〈표 37〉 금기 사회적 성과와 다음 기 경제적 성과간의 관계 결과(10회)

종속변수	기업규모	사회적 성과	부채비율	Adj. R^2
ROE		0.9753*** (3.52)		0.0650
	1.5754*** (2.69)	0.8803*** (3.21)		0.0994
	1.5544*** (2.89)	0.4322 (1.64)	−0.0705*** (−5.65)	0.2437
주가수익률		1.0783 (0.63)		−0.0037
	15.3414*** (4.40)	0.1539 (0.09)		0.0978
	15.3515*** (4.39)	0.3692 (0.22)	0.0339 (0.42)	0.0931

*, **, ***은 각각 통계적으로 10%, 5%, 1% 내에서 유의하다는 것을 나타냄.

(11) 11회(2001년)

2001년에 경제정의지수로 측정된 국내 기업들의 사회적 성과가 다음 기 해당 기업의 경제적 성과에 미치는 영향은 자기자본이익률에 있어서는 정(+)의 관계가, 주가수익률에 대해서는 부(−)의 관계가 있는 것으로 나타났으며 이러한 결과는 각각 통계적으로 1%, 5% 내에서 유의한 결과였다.

이러한 결과가 의미하는 것을 살펴보면 다음과 같다. 우선, 자기자본이익률은 투자자들이 해당 기업에 투자하였을 때 얼마의 이익을 가져다주는 지에 대한 지표이고 주가수익률은 현재의 기업의 총 가치를 의미한다. 따라서 이러한 결과는 이번 기의 사회적 성과가 높은 기업일수록 다음 기의 투자매력도는 높아지고 반면에 기업의 총 가치는 하락한다고 해석할 수 있을 것이다.

〈표 38〉금기 사회적 성과와 다음 기 경제적 성과간의 관계 결과(11회)

종속변수	기업규모	사회적 성과	부채비율	Adj. R^2
ROE		0.9166*** (2.77)		0.0309
	1.0371* (1.66)	0.6999** (1.97)		0.0390
	1.6189*** (2.81)	−0.4843 (−1.31)	−0.0787*** (−6.55)	0.2008
주가수익률		0.7546 (1.00)		0.0000
	5.4729*** (3.97)	−0.3892 (−0.50)		0.0661
	6.3144*** (4.69)	−2.1017** (−2.43)	−0.1138*** (−4.05)	0.1309

*, **, ***은 각각 통계적으로 10%, 5%, 1% 내에서 유의하다는 것을 나타냄.

비록 기업의 총 가치에는 기업의 사회적 성과가 부정적인 영향을 미치지만 해당 기업의 투자 매력도가 높아진다는 것은 장기적으로 보았을 때 기업의 지속적인 성장에 도움이 되는 것이기 때문에 국내에서 기업의 사회적 책임에 대한 인식 수준이 과거에 비해 높아지고 있음을 알 수 있다.

다음으로 기업규모와 부채비율을 추가한 다중회귀분석에서 있어서 기업규모는 다음 기의 경제적 성과와 정(＋)의 관계를, 부채비율은 다음 기의 경제적 성과와 부(－)의 관계가 있음이 나타났고, 이러한 결과는 모두 통계적으로 유의한 수준이었다. 즉, 기업의 규모가 큰 기업일수록 다음 기에 높은 경제적 성과를 보였으며, 부채비율이 낮은 기업일수록 다음 기의 경제적 성과가 높은 것으로 나타났다.

(12) 12회(2002년)

국내 기업들에게 있어서 건전성, 공정성, 사회봉사, 소비자보호, 환경보호, 종업원, 경제발전 항목으로 측정된 사회적 성과가 다음 기 해당 기업의 자기자본이익률에는 정(+)의 영향을, 주가수익률에는 부(-)의 영향을 미치는 것으로 나타났다. 하지만 이러한 결과들은 이번 기의 사회적 성과와 다음 기의 자기자본이익률과의 단순 회귀분석 결과를 제외하고는 모두 통계적으로 유의한 수준은 아니었다.

〈표 39〉 금기 사회적 성과와 다음 기 경제적 성과간의 관계 결과(12회)

종속변수	기업규모	사회적 성과	부채비율	Adj. R^2
ROE		0.5878*** (3.08)		0.0447
	1.6708*** (4.48)	0.2569 (1.31)		0.1361
	1.9288*** (5.07)	0.0689 (0.33)	-0.0254*** (-2.61)	0.1633
주가수익률		1.4931 (0.61)		-0.0035
	24.4305*** (5.23)	-3.3453 (-1.36)		0.1246
	25.1387*** (5.18)	-3.8614 (-1.47)	-0.0697 (-0.56)	0.1212

*, **, ***은 각각 통계적으로 10%, 5%, 1% 내에서 유의하다는 것을 나타냄.

(13) 13회(2003년)

2003년에 경제정의지수로 측정된 국내 기업들의 사회적 성과가 다음 기 해당 기업의 경제적 성과에 미치는 영향은 자기자본이익률과 주가수익률 모두에 있어서 부(-)의 관계가 있는 것으로 나타났다. 단, 이번 기의 사회적 성과와 다음 기의 경제적 성과간의 단순 회귀분석에서는 모두 정(+)의 관계가 있는 것으로 나타났다.

다음으로 기업규모와 부채비율을 추가한 다중회귀분석에서 있어서 기업규모는 다음 기의 경제적 성과와 정(+)의 관계를, 부채비율은 다음 기의 경제적 성과와 부(-)의 관계가 있음이 나타났고, 이러한 결과는 대체로 통계적으로 유의한 수준이었다.

〈표 40〉 금기 사회적 성과와 다음 기 경제적 성과간의 관계 결과(13회)

종속변수	기업규모	사회적 성과	부채비율	Adj. R^2
ROE		0.4284** (2.00)		0.0154
	2.7545*** (6.57)	-0.3392 (-1.50)		0.1934
	2.8192*** (6.78)	-0.4719** (-2.04)	-0.0223** (-2.24)	0.2101
주가수익률		0.3263 (0.34)		-0.0046
	6.7325*** (3.31)	-1.5499 (-1.41)		0.0450
	6.7218*** (3.29)	-1.5280 (-1.34)	0.0037 (0.08)	0.0400

*, **, ***은 각각 통계적으로 10%, 5%, 1% 내에서 유의하다는 것을 나타냄.

(4) 14회(2004년)

국내 기업들에게 있어서 건전성, 공정성, 사회봉사, 소비자보호, 환경보호, 종업원, 경제발전 항목으로 측정된 사회적 성과가 다음 기 해당 기업의 자기자본이익률에는 정(+)의 영향을, 주가수익률에는 부(-)의 영향을 미치는 것으로 나타났다. 특히, 이번 기의 사회적 성

과와 다음 기의 주가수익률과의 회귀분석 결과들은 모두 통계적으로
1%와 5% 수준 내에서 유의한 결과들이었다. 즉, 이번 기의 경제정
의지수를 통해 측정된 사회적 성과는 다음 기의 자기자본이익률에는
긍정적인 영향을, 주가수익률에는 부정적인 영향을 미치는 것으로
나타났다.

〈표 41〉 금기 사회적 성과와 다음 기 경제적 성과간의 관계 결과(14회)

종속변수	기업규모	사회적 성과	부채비율	Adj. R^2
ROE		0.7062*** (3.72)		0.0530
	1.8321*** (3.63)	0.1953 (0.84)		0.1008
	1.9555*** (3.66)	0.1342 (0.54)	−0.0077 (−0.71)	0.0988
주가수익률		−6.3563*** (−3.85)		0.0568
	4.9192 (1.09)	−7.7281*** (−3.73)		0.0576
	−0.9983 (−0.22)	−4.8017** (−2.24)	0.3673*** (3.91)	0.1132

*, **, ***은 각각 통계적으로 10%, 5%, 1% 내에서 유의하다는 것을 나타냄.

다음으로 기업규모와 부채비율을 추가한 다중회귀분석에서 있어서
기업규모는 이전 연도들의 결과들과 마찬가지로 다음 기의 경제적
성과와 정(+)의 관계를 나타내었지만 부채비율에 있어서는 다음 기
의 경제적 성과와 정(+)의 관계가 있는 것으로 나타났으며 이러한
결과는 통계적으로 매우 유의한 수준이었다. 즉 부채비율이 높은 기
업일수록 다음 기의 주가수익률은 높아진 것을 알 수 있었다.

(15) 15회(2005년)

2005년에 경제정의지수로 측정된 국내 기업들의 사회적 성과가 다음 기 해당 기업의 경제적 성과에 미치는 영향은 자기자본이익률과 주가수익률 모두에 있어서 대체로 부(-)의 관계가 있는 것으로 나타났다. 단, 이번 기의 사회적 성과와 다음 기의 자기자본이익률과의 단순회귀분석에서는 정(+)의 관계가 있는 것으로 나타났다.

〈표 42〉 금기 사회적 성과와 다음 기 경제적 성과간의 관계 결과(15회)

종속변수	기업규모	사회적 성과	부채비율	Adj. R^2
ROE		0.4060** (2.44)		0.0216
	1.6808*** (3.91)	−0.0686 (−0.34)		0.0803
	1.7612*** (4.07)	−0.1301 (−0.63)	−0.0112 (−1.35)	0.0836
주가수익률		0.7577 (1.23)		0.0022
	5.1176*** (3.17)	−0.6872 (−0.91)		0.0410
	5.2588*** (3.22)	−0.7952 (−1.02)	−0.0196 (−0.63)	0.0384

*, **, ***은 각각 통계적으로 10%, 5%, 1% 내에서 유의하다는 것을 나타냄.

다음으로 기업규모와 부채비율을 추가한 다중회귀분석에서 있어서 기업규모는 다음 기의 경제적 성과와 정(+)의 관계를, 부채비율은 다음 기의 경제적 성과와 부(-)의 관계가 있음이 나타났고, 기업규모의 결과는 통계적으로 유의한 수준이었지만 부채비율에 있어서는 모두 통계적으로 유의하지 않았다.

높은 사회적 성과가 기업의 가치를 상승시킨다는 것을 기본 명제로 하여 경제정의지수모형으로 평가한 국내 기업들의 사회적 성과와 기업의 경제적 성과를 나타내는 자기자본이익률(ROE), 주가수익률간의 관계를 실증분석한다. 결과, 10회 이전까지는 경제정의지수로 측정한 사회적 성과와 다음 기의 해당 기업의 경제적 성과 간에는 부(-)의 관계를 가지는 것으로 나타났으나, 10회부터는 대체적으로 본 연구가설과 동일하게 기업의 사회적 성과와 다음 기의 경제적 성과 간에는 정(+)의 관계가 있는 것으로 밝혀졌다.

2) 경제정의지수 항목별 점수와 다음 기의 경제적 성과간의 관계

이번 절에서는 경제정의지수모형에서 사회적 성과를 측정하기 위해 사용된 7가지 세부항목(건전성, 공정성, 사회봉사, 소비자보호, 환경보호, 종업원, 경제발전기여도)과 다음 기의 경제적 성과 간의 관계를 살펴보았다. 또한 건전성과 공정성을 합한 기업지배구조 관련 항목과 사회봉사, 소비자보호, 환경보호, 종업원을 합한 사회적 책임 관련 항목과 다음 기의 경제적 성과 간의 관계도 살펴보았다.

(1) 1회(1991년)

경제정의지수의 평가항목은 회를 거듭하면서 수정이 이루어진 관계로 1회의 경우에는 건전성, 사회봉사, 경제발전의 세 가지 항목으로 기업의 사회적 성과를 측정하였다. 따라서 이들 세 가지 항목과 기업의 경제적 성과 간의 관계는 다음과 같다.

① 자기자본이익률(ROE)

기업의 사회적 성과 측정 항목인 건전성과 사회봉사, 경제발전기
여도 항목과 다음 기의 자기자본이익률 간에는 부(-)의 관계가 있
는 것으로 나타났으며, 이들 결과들은 통계적으로 유의하지 않았다.
또한 기업규모와 부채비율을 추가한 다중회귀분석에서 있어서 기
업규모는 다음 기의 자기자본이익률과 정(+)의 관계를, 부채비율은
다음 기의 자기자본이익률과 부(-)의 관계가 있음이 나타났고, 이들
모두는 통계적으로 유의하지 않았다.

〈표 43〉 금기 사회적 성과 측정 세부항목과 다음 기
자기자본이익률간의 회귀분석 결과(1회)

	기업규모	항목별 점수	부채비율	Adj. R^2
건전성	1.0915 (1.00)	-0.8017 (-0.81)		-0.0090
	1.1882 (1.09)	-0.9504 (-0.96)	-0.0094 (-1.50)	0.0037
사회봉사	0.5221 (0.54)	-0.1732 (-0.57)		-0.0124
	0.5702 (0.59)	-0.1162 (-0.38)	-0.0085 (-1.34)	-0.0043
경제발전기여도	0.8603 (0.90)	-0.6642 (-1.07)		-0.0039
	0.7974 (0.83)	-0.4505 (-0.70)	-0.0075 (-1.14)	-0.0008

*, **, ***은 각각 통계적으로 10%, 5%, 1% 내에서 유의하다는 것을 나타냄.

② 주가수익률

　기업의 사회적 성과 측정 항목 중에서 기업지배구조관련 항목인
건전성은 다음 기의 주가수익률과 부(−)의 관계를, 또한 기업의 사
회적 책임관련 항목인 사회봉사 항목은 다음 기의 주가수익률과 정
(＋)의 관계를 가지는 것으로 나타났으나 이들 결과들은 통계적으로
유의하지 않았다.
　또한 기업규모와 부채비율을 추가한 다중회귀분석에서 있어서 기
업규모와 부채비율 모두 다음 기의 주가수익률과 부(−)의 관계를
가지는 것으로 나타났으며, 이들 결과들 중에서 부채비율과 다음 기
의 주가수익률 간의 관계를 나타내는 결과들은 통계적으로 10% 내
에서 유의한 수준이었다.

<표 44> 금기 사회적 성과 측정 세부항목과 다음 기
주가수익률간의 회귀분석 결과(1회)

	기업규모	항목별 점수	부채비율	Adj. R^2
건전성	−5.4456 (−1.23)	−0.7233 (−0.18)		0.0040
	−4.9794 (−1.13)	−1.4407 (−0.36)	−0.0454* (−1.79)	0.0260
사회봉사	−5.0210 (−1.30)	1.2803 (1.04)		0.0147
	−4.7423 (−1.24)	1.6110 (1.32)	−0.0492* (−1.95)	0.0419
경제발전기여도	−5.6807 (−1.46)	−0.5210 (−0.21)		0.0041
	−6.0747 (−1.57)	0.8183 (0.32)	−0.0469* (−1.78)	0.0257

*, **, ***은 각각 통계적으로 10%, 5%, 1% 내에서 유의하다는 것을 나타냄.

(2) 2회(1992년)

1992년, 경제정의지수는 경제정의기업상을 선정하기 위해 국내 제조기업들을 대상으로 공정성, 사회봉사, 환경보호, 종업원, 경제발전기여도 항목을 측정하여 평가하였다. 이들 세부 항목들과 다음 기의 경제적 성과 간의 관계를 분석한 결과는 다음과 같다.

① 자기자본이익률(ROE)

기업지배구조 관련 항목인 공정성과 다음 기의 자기자본이익률 간에는 정(＋)의 관계가 있는 것으로 나타났으며, 이들 결과들은 모두 통계적으로 1% 내에서 유의한 수준이었다.

경제정의지수모형 내에서의 공정성 항목에서는 대기업들의 경제력 집중, 시장지배 지위남용, 부당한 공동행위, 불공정거래행위, 부당한 내부거래, 언론사와 광고사 보유 현황과 같은 공정성과 불성실 공시, 내부자 거래, 사업보고서나 감사보고서의 허위기재와 같은 위반 사항이 있는 지 여부를 평가하는 투명성, 그리고 대기업의 중소기업 고유 업종 침해사례 여부와 이들 기업들과의 협력관계 등을 평가하고 있다.

그 외에도 (사외이사 / 등기임원) × 100으로 평가하는 사외이사비율과 사외이사의 이사회활동 여부도 평가한다. 이러한 공정성 항목과 다음 기의 자기자본이익률 간에 정(＋)의 관계가 있다는 것은 기업이 투명하고 공정해서 기업지배구조가 선진화된 기업일수록 다음 기의 경제적 성과가 높아진다는 것을 의미하는 것으로 이는 1990 – 1999년의 기간 동안 미국의 상위 1500개 대기업을 대상으로 기업지배구조와 기업가치 간의 관계를 실증분석한 결과, 잘 지배된 기업이 잘못 지배된 기업을 능가한다는 가설을 확실하게 지지하는 것으로 나타남으로써 강한 주주권을 가진 기업이 높은 기업가치, 높은 이익, 높은 매출성장률, 낮은 자본비용을 가지며 기업인수를 드물게 맞음을 밝힌 Gompers, Ishii, and Metrick(2003)의 연구결과와 동일한 것이다.

〈표 45〉 금기 사회적 성과 측정 세부항목과 다음 기
자기자본이익률간의 회귀분석 결과(2회)

	기업규모	항목별 점수	부채비율	Adj. R^2
공정성	0.1146 (0.19)	1.5510*** (3.16)		0.0842
	0.1641 (0.27)	1.5166*** (3.06)	−0.0023 (−0.57)	0.0790
사회봉사(1)	−0.7108 (−1.28)	−0.8087 (−1.18)		0.0183
	−0.5613 (−0.98)	−0.8758 (−1.27)	−0.0043 (−1.04)	0.0189
환경보호(2)	−0.7095 (−1.20)	−0.4375 (−0.78)		0.0119
	−0.5842 (−0.97)	−0.4487 (−0.80)	−0.0039 (−0.93)	0.0108
종업원(3)	−0.5502 (−0.97)	−0.6578* (−1.76)		0.0323
	−0.4761 (−0.83)	−0.6246 (−1.66)	−0.0029 (−0.71)	0.0282
경제발전기여도	−0.6353 (−1.10)	−0.2365 (−1.19)		0.0186
	−0.5428 (−0.92)	−0.2236 (−1.12)	−0.0034 (−0.83)	0.0160
(1)+(2)+(3)	−0.4505 (−0.76)	−0.3733* (−1.71)		0.0309
	−0.3473 (−0.57)	−0.3669* (−1.68)	−0.0036 (−0.87)	0.0289

*, **, ***은 각각 통계적으로 10%, 5%, 1% 내에서 유의하다는 것을 나타냄.

그 외 사회봉사, 환경보호, 종업원, 경제발전기여도 항목과 다음 기의 자기자본이익률 간에는 부(-)의 관계가 있는 것으로 나타났으며, 이들 결과들 모두는 통계적으로 유의하지 않았다. 그러나 사회봉사, 환경보호, 종업원 항목의 평가점수를 합한 기업의 사회적 책임과 관련된 성과는 다음 기의 자기자본이익률과 부(-)의 관계를 보였으며 이러한 결과는 통계적으로 10% 내에서 유의한 결과였다.

또한 기업규모와 부채비율을 추가한 다중회귀분석에서 있어서 기업규모와 부채비율 모두 다음 기의 자기자본이익률과 부(-)의 관계가 있음이 나타났고, 이들 모두는 통계적으로 유의하지 않았다.

② 주가수익률

기업지배구조 관련 항목인 공정성과 기업의 사회적 책임과 관련된 사회봉사 항목은 다음 기의 주가수익률에 정(+)의 영향을 미치는 것으로 나타났으나, 이들 결과들은 모두 통계적으로 유의하지 않았다.

그러나 환경보호, 종업원, 경제발전기여도의 세부항목과 기업의 사회적 책임을 나타내는 사회봉사, 환경보호, 종업원 항목을 합한 항목은 다음 기의 주가수익률에 부(-)의 영향을 미치는 것으로 나타났으며 이들 결과들은 모두 통계적으로 5%, 1% 내에서 유의한 결과들이었다. 이러한 결과는 기업들이 환경보호와 종업원 복지향상에 적극 투자함으로써 기업의 사회적 책임을 다할수록 다음 기의 주가가 오히려 하락한다는 것을 의미하는 것으로써 본 연구가설과 반대되는 결과이다.

이러한 결과가 나온 것은 1990년대 초만 하더라도 우리나라 기업의 사회적 책임에 대한 인식에 있어서 기업의 사회적 책임을 기업의 장기적이고 지속가능한 성장의 전략으로 이해되기보다는 단기적이고

시혜적인 성격으로 인식되고 있다는 것을 단적으로 보여주는 것이라
할 수 있겠다.

〈표 46〉 금기 사회적 성과 측정 세부항목과 다음 기
주가수익률간의 회귀분석 결과(2회)

	기업규모	항목별 점수	부채비율	Adj. R^2
공정성	8.7600** (2.42)	2.5821 (0.88)		0.0329
	8.2686** (2.26)	2.9230 (0.99)	0.0229 (0.96)	0.0322
사회봉사(1)	6.9575** (2.16)	0.4723 (0.12)		0.0266
	6.2428* (1.88)	0.7934 (0.20)	0.0205 (0.86)	0.0244
환경보호(2)	10.2575*** (3.09)	−7.2809** (−2.30)		0.0683
	9.6438*** (2.83)	−7.2259** (−2.28)	0.0189 (0.81)	0.0656
종업원(3)	10.2607*** (3.22)	−5.9828*** (−2.85)		0.0892
	9.5408*** (2.95)	−6.3056*** (−2.99)	0.0286 (1.24)	0.0933
경제발전 기여도	10.9680*** (3.42)	−3.4686*** (−3.15)		0.1022
	10.2716*** (3.15)	−3.5656*** (−3.24)	0.0258 (1.13)	0.1042
(1)+(2)+(3)	10.8156*** (3.23)	−3.1045** (−2.52)		0.0761
	10.1760*** (2.98)	−3.1442** (−2.55)	0.0220 (0.95)	0.0754

*, **, ***은 각각 통계적으로 10%, 5%, 1% 내에서 유의하다는 것을 나타냄.

또한 기업규모와 부채비율을 추가한 다중회귀분석에서 있어서 기업규모와 부채비율 모두 다음 기의 주가수익률과 정(+)의 관계를 가지는 것으로 나타났으며, 이들 결과들 중에서 기업규모와 다음 기의 주가수익률 간의 관계를 나타내는 결과들은 통계적으로 매우 유의한 수준이었다.

(3) 3회(1993년)

1993년, 경제정의지수는 경제정의기업상을 선정하기 위해 국내 제조기업들을 대상으로 건전성, 공정성, 사회봉사, 환경보호, 고객만족, 종업원, 경제발전기여도 항목을 측정하여 평가하였다.[35] 이들 세부항목들과 다음 기의 경제적 성과 간의 관계를 분석한 결과는 다음과 같다.

① 자기자본이익률(ROE)

기업지배구조 관련 항목인 건전성과 다음 기의 자기자본이익률 간에는 부(-)의 관계가 있는 것으로 나타났으며, 이러한 결과는 통계적으로 10% 내에서 유의한 수준이었다.

기업의 건전한 경영활동의 내용을 평가하기 위한 경제정의지수의 건전성 항목은 주주구성의 건전성과 투자지출의 건전성, 영업활동의 건전성, 자본조달의 건전성 등을 평가항목으로 삼고 있다. 이러한 건전성 항목과 다음 기의 자기자본이익률 간에 부(-)의 관계가 있다는 것은 그만큼 국내에서는 기업지배구조 개선에 대한 투자자들의

---

35) 고객만족 기여도의 경우 평가점수가 확보되지 않아 세부항목별 횡단면 회귀분석에는 이용하지 못하였다.

관심이 크지 않다는 것을 의미하며 또한 국내 경제성장을 이끌어온
재벌체제에 대한 확고함이 여전히 존재하고 있다는 것을 의미한다.
이를 반영하듯이 건전성과 공정성 항목의 점수를 합한 기업지배구조
점수와 사회봉사, 환경보호, 종업원 항목의 점수를 합한 사회적 책임
수행 점수가 다음 기의 자기자본이익률에 부정적인 영향을 미치는
것으로 나타났다.

그 외 공정성, 사회봉사, 환경보호, 종업원, 경제발전기여도 항목
과 다음 기의 자기자본이익률 간에는 부(−)의 관계가 있는 것으로
나타났으며, 이들 결과들 모두는 통계적으로 유의하지 않았다.

〈표 47〉금기 사회적 성과 측정 세부항목과 다음 기
자기자본이익률간의 회귀분석 결과(3회)

	기업규모	항목별 점수	부채비율	Adj. R^2
건전성(1)	1.0770 (1.62)	−0.0872 (−0.16)		0.0036
	1.2107* (1.86)	−1.1357* (−1.82)	−0.0174*** (−3.18)	0.0493
공정성(2)	1.1062 (1.62)	0.1851 (0.13)		0.0036
	1.1857* (1.76)	−0.5901 (−0.42)	−0.0125*** (−2.62)	0.0335
사회봉사(3)	1.2526* (1.80)	−0.4043 (−0.79)		0.0068
	1.3670** (1.99)	−0.2969 (−0.59)	−0.0119** (−2.54)	0.0344
환경보호(4)	0.9504 (1.42)	−0.9336 (−1.26)		0.0117
	1.0883 (1.65)	−1.1867 (−1.61)	−0.0131*** (−2.79)	0.0457

	기업규모	항목별 점수	부채비율	Adj. R^2
종업원(5)	1.1285* (1.68)	-0.2572 (-0.44)		0.0045
	1.3352** (2.01)	-0.4781 (-0.83)	-0.0127*** (-2.69)	0.0361
경제발전 기여도	1.0971 (1.51)	-0.0111 (-0.04)		0.0035
	1.3032* (1.81)	-0.0514 (-0.19)	-0.0122** (-2.60)	0.0328
(1)+(2)	1.0747 (1.60)	-0.0502 (-0.10)		0.0035
	1.0955* (1.67)	-1.1134* (-1.89)	-0.0181*** (-3.23)	0.0507
(3)+(4)+(5)	1.3062* (1.92)	-0.5039 (-1.42)		0.0140
	1.5139** (2.25)	-0.5873* (-1.68)	-0.0128*** (-2.75)	0.0469

*, **, ***은 각각 통계적으로 10%, 5%, 1% 내에서 유의하다는 것을 나타냄.

다음으로 기업규모와 부채비율을 추가한 다중회귀분석에서 있어서 기업규모는 다음 기의 경제적 성과와 정(+)의 관계를, 부채비율은 다음 기의 경제적 성과와 부(-)의 관계가 있음이 나타났고, 이러한 결과는 대체로 통계적으로 유의한 수준이었다. 즉, 기업의 규모가 큰 기업일수록 다음 기에 높은 경제적 성과를 보였으며, 부채비율이 낮은 기업일수록 다음 기의 경제적 성과가 높은 것으로 나타났다.

② 주가수익률

기업지배구조 관련 항목인 건전성과 다음 기의 자기자본이익률 간에는 부(-)의 관계가 있는 것으로 나타났으며, 이러한 결과는 통계적으로 5% 내에서 유의한 수준이었다. 또한 건전성과 공정성 항목의 점수를 합한 기업지배구조 점수도 다음 기의 주가수익률에는 부정적인 영향을 미치는 것으로 나타났다.

그리고 경제발전을 위한 기술혁신 기여도로써 연구개발 지출, 수익성, 성장성, 설비투자, 고용인력 증가율, 조세납부, 배당성향, 노동생산성 증가율, 수출비중 등의 평가항목들로 구성되어 있는 경제발전기여도 항목 역시 다음 기의 주가수익률에는 부정적인 영향을 미치는 것으로 밝혀졌다.

그 외 공정성, 사회봉사, 환경보호, 종업원 항목과 다음 기의 주가수익률 간에는 부(−)의 관계가 있는 것으로 나타났으며, 이들 결과들 대부분은 통계적으로 유의하지 않았다.

다음으로 기업규모와 부채비율을 추가한 다중회귀분석에서 있어서 기업규모와 부채비율 모두 다음 기의 주가수익률과 정(+)의 관계가 있음이 나타났고, 기업규모와 주가수익률 간의 관계는 통계적으로 유의하지 않았지만 부채비율과 주가수익률 간의 관계는 통계적으로 5% 내에서 유의한 결과였다. 즉, 기업의 규모가 큰 기업일수록, 부채비율이 높은 기업일수록 다음 기에 높은 경제적 성과를 보였다.

〈표 48〉 금기 사회적 성과 측정 세부항목과 다음 기
주가수익률간의 회귀분석 결과(3회)

	기업규모	항목별 점수	부채비율	Adj. R^2
건전성(1)	1.7892 (0.42)	−7.2301** (−2.08)		0.0137
	1.3909 (0.33)	−4.1062 (−1.01)	0.0518 (1.45)	0.0194
공정성(2)	1.6144 (0.37)	−7.5185 (−0.83)		−0.0051
	1.1804 (0.27)	−3.2913 (−0.36)	0.0684** (2.20)	0.0149
사회봉사(3)	3.4999 (0.78)	−2.4913 (−0.75)		−0.0058
	2.7957 (0.63)	−3.1519 (0.96)	0.0732** (2.41)	0.0190
환경보호(4)	2.2716 (0.52)	−1.3637 (−0.28)		−0.0084
	1.5238 (0.35)	0.0076 (0.00)	0.0707** (2.31)	0.0142
종업원(5)	3.2619 (0.75)	−4.7051 (−1.25)		−0.0005
	2.1754 (0.50)	−3.5434 (−0.94)	0.0666** (2.18)	0.0188
경제발전 기여도	5.8363 (1.25)	−3.1298* (−1.79)		0.0079
	4.6885 (1.01)	−2.9053* (−1.67)	0.0678** (2.25)	0.0286
(1)+(2)	1.0023 (0.23)	−7.0665** (−2.22)		0.0167
	0.9468 (0.22)	−4.2300 (−1.10)	0.0482 (1.32)	0.0205
(3)+(4)+(5)	3.9024 (0.89)	−3.2699 (−1.43)		0.0019
	2.8083 (0.64)	−2.8304 (−1.24)	0.0675** (2.22)	0.0222

*, **, ***은 각각 통계적으로 10%, 5%, 1% 내에서 유의하다는 것을 나타냄.

(4) 4회(1994년)

① 자기자본이익률(ROE)

기업지배구조 관련 항목인 건전성과 다음 기의 자기자본이익률 간에는 부(-)의 관계가 있는 것으로 나타났으며, 이러한 결과는 통계적으로 5% 내에서 유의한 수준이었다.

또한 기업의 사회적 책임 관련 항목인 환경보호 항목과 다음 기의 자기자본이익률 간에는 부(-)의 관계가 있는 것으로 나타났으며, 이러한 결과는 통계적으로 5% 내에서 유의한 수준이었다.

환경보호 항목에서는 기업의 환경개선노력과 환경개선의 결과, 그리고 환경관련 법률위반 및 오염실적 등을 평가한다. 또한 환경회계 공시유무를 평가하고, 에너지 절약마크, 에너지 자발적 협약 채택여부 등의 에너지 효율성을 평가하고, 환경관련 인증 및 수상여부를 평가한다. 최근에 환경보호에 대한 중요성이 커짐에 따라 이에 대한 인식이 사회 전반적으로 높아지고 있고 기업활동의 과정에서 나타난 환경파괴는 기업의 후퇴로 직결될 것으로 예상되는 만큼 기업활동에 대한 향후 지향점을 담보할 수 있는 측면에서 환경보호 만족수준을 평가하는 것은 매우 중요하다. 하지만 기업의 경쟁력인 동시에 국가 경쟁력을 동시에 수반하는 환경보호 항목의 점수와 다음 기 자기자본이익률 간의 관계가 부(-)의 관계를 보였다는 것은 1994년 당시 한국이 고속성장을 하는 신흥공업국이었다는 시대상황을 반영한 결과로 해석할 수 있을 것이다.

그리고 다음 기의 자기자본이익률과 부(-)의 관계를 보였으며 이러한 결과는 통계적으로 1% 내에서 유의한 결과였다.

〈표 49〉 금기 사회적 성과 측정 세부항목과 다음 기
자기자본이익률간의 회귀분석 결과(4회)

	기업규모	항목별 점수	부채비율	Adj. R^2
건전성(1)	1.3534* (1.80)	−0.3907 (−0.67)		0.0071
	1.4796** (2.04)	−1.2413** (−2.05)	−0.0207*** (−4.07)	0.0724
공정성(2)	1.4512* (1.93)	1.2643 (1.47)		0.0148
	1.4732** (2.00)	0.8015 (0.94)	−0.0163*** (−3.35)	0.0584
사회봉사(3)	1.4839* (1.97)	−0.8877 (−1.46)		0.0147
	1.5582** (2.12)	−0.9214 (−1.56)	−0.0172*** (−3.59)	0.0649
환경보호(4)	1.4791* (1.96)	−1.3860 (−1.54)		0.0157
	1.5892** (2.17)	−1.7465** (−1.99)	−0.0181*** (−3.77)	0.0713
종업원(5)	1.4358* (1.91)	1.2735 (1.38)		0.0136
	1.4535** (1.98)	0.6818 (0.74)	−0.0164*** (−3.34)	0.0570
경제발전 기여도	1.3381* (1.69)	−0.0094 (−0.02)		0.0051
	1.4994* (1.94)	−0.1924 (−0.40)	−0.0173*** (−3.57)	0.0553
(1)+(2)	1.3381* (1.78)	0.1144 (0.26)		0.0054
	1.3887* (1.90)	−0.4791 (−1.03)	−0.0189*** (−3.69)	0.0592
(3)+(4)+(5)	1.4321* (1.90)	−0.5083 (−1.15)		0.0111
	1.5557** (2.12)	−0.7663* (−1.77)	−0.0184*** (−3.80)	0.0679

*, **, ***은 각각 통계적으로 10%, 5%, 1% 내에서 유의하다는 것을 나타냄.

다음으로 기업규모와 부채비율을 추가한 다중회귀분석에서 있어서 기업규모는 다음 기의 경제적 성과와 정(+)의 관계를, 부채비율은 다음 기의 경제적 성과와 부(-)의 관계가 있음이 나타났고, 이러한 결과는 모두 통계적으로 유의한 수준이었다. 즉, 기업의 규모가 큰 기업일수록 다음 기에 높은 경제적 성과를 보였으며, 부채비율이 낮은 기업일수록 다음 기의 경제적 성과가 높은 것으로 나타났다.

② 주가수익률

기업지배구조 관련 항목인 건전성과 공정성은 다음 기의 주가수익률과 부(-)의 관계가 있는 것으로 나타났으며, 기업의 사회적 책임과 관련된 사회봉사, 환경보호 항목 역시 다음 기의 주가수익률과 부(-)의 관계를 나타내었다.

반면에 교육훈련비와 교육훈련비 증가율, 임금보상체계, 기업의 복지 후생관련 부분을 평가하고 있는 종업원 항목과 경제발전기여도 항목은 다음 기의 주가수익률과 정(+)의 관계를 나타내었으며 건전성과 공정성 항목을 합한 기업지배구조 점수와 사회봉사, 환경보호, 종업원 항목의 평가점수를 합한 기업의 사회적 책임과 관련된 성과는 다음 기의 주가수익률과 부(-)의 관계를 보였다. 이들 결과들 중에서 사회봉사 항목과 기업지배구조 관련 점수만이 통계적으로 10% 내에서 유의한 수준이었다.

특히 경제정의지수에서의 사회봉사항목은 장애인 고용, 고령자 고용, 여성채용 비율, 소외계층에 대한 복지지원과 같은 사회복지와 기부금, 지역사회지원, 시민단체 지원과 같은 사회지원을 평가하는 항목으로써 성장과정에서 정부나 국민들로부터 지원과 특혜를 받았다는 인식이 널리 퍼져 있는 한국사회에 있어서 대기업들의 적극적인

사회복지 참여노력은 국민들의 불만을 완화하는데 상당히 도움이 될
수 있기 때문에 다른 항목들 못지않게 중요하다고 할 수 있다.

〈표 50〉 금기 사회적 성과 측정 세부항목과 다음 기
주가수익률간의 회귀분석 결과(4회)

	기업규모	항목별 점수	부채비율	Adj. R^2
건전성(1)	7.0968*** (7.63)	−0.4019 (−0.55)		0.2014
	7.2112*** (7.87)	−1.1728 (−1.54)	−0.0187*** (−2.92)	0.2278
공정성(2)	7.0010*** (7.49)	−0.8058 (−0.76)		0.2024
	7.0232*** (7.62)	−1.2743 (−1.20)	−0.0165*** (−2.71)	0.2245
사회봉사(3)	7.3014*** (7.83)	−1.3275* (−1.77)		0.2115
	7.3684*** (8.00)	−1.3579* (−1.83)	−0.0155** (−2.58)	0.2312
환경보호(4)	7.1336*** (7.61)	−0.5462 (−0.49)		0.2012
	7.2300*** (7.81)	−0.8616 (−0.78)	−0.0158*** (2.61)	0.2216
종업원(5)	7.2266*** (7.78)	1.8691 (1.64)		0.2099
	7.2416*** (7.87)	1.3656 (1.19)	−0.0139** (−2.27)	0.2245
경제발전 기여도	6.7812*** (6.94)	0.5839 (0.96)		0.2037
	6.9201*** (7.15)	0.4264 (0.71)	−0.0149** (−2.45)	0.2213
(1)+(2)	7.0574*** (7.60)	−0.4488 (−0.81)		0.2027
	7.1092*** (7.79)	−1.0574* (−1.83)	−0.0194*** (−3.03)	0.2312
(3)+(4)+(5)	7.1545*** (7.65)	−0.4031 (−0.74)		0.2023
	7.2649*** (7.87)	−0.6335 (−1.16)	−0.0164*** (−2.69)	0.2242

*, **, ***은 각각 통계적으로 10%, 5%, 1% 내에서 유의하다는 것을 나타냄.

이러한 사회봉사 항목이 다음 기의 주가수익률에 부정적인 영향을
미쳤다는 것은 그만큼 기업의 사회적 책임에 대한 인식이 확고히 자
리 잡지 못하고 있음을 나타내는 결과라 할 수 있다.

다음으로 기업규모와 부채비율을 추가한 다중회귀분석에서 있어서
기업규모는 다음 기의 주가수익률과 정(+)의 관계를, 부채비율은 다
음 기의 주가수익률과 부(-)의 관계가 있음이 나타났고, 이러한 결
과는 모두 통계적으로 유의한 수준이었다.

(5) 5회(1995년)

1995년, 경제정의지수는 경제정의기업상을 선정하기 위해 국내 제
조기업들을 대상으로 건전성, 공정성, 사회봉사, 환경보호, 고객만족,
종업원, 경제발전기여도 항목을 측정하여 평가하였다. 이들 세부 항
목들과 다음 기의 경제적 성과 간의 관계를 분석한 결과는 다음과
같다.

① 자기자본이익률(ROE)

기업지배구조 관련 항목인 건전성과 기업의 사회적 책임관련 항목
인 사회봉사, 환경보호, 경제발전 기여도 항목은 다음 기의 자기자본
이익률과 부(-)의 관계가 있는 것으로 나타났으며, 이들 결과들은
통계적으로 유의하지 않았다.

반면에 기업의 사회적 책임 관련 항목인 종업원 항목과 사회봉사,
환경보호, 종업원 항목의 점수를 합한 기업의 사회적 책임관련 성과
는 다음 기의 자기자본이익률과 정(+)의 관계가 있는 것으로 나타
났다. 하지만 통계적으로 유의한 수준의 결과는 아니었다.

〈표 51〉 금기 사회적 성과 측정 세부항목과 다음 기
자기자본이익률간의 회귀분석 결과(5회)

	기업규모	항목별 점수	부채비율	Adj. R^2
건전성(1)	0.1816 (0.27)	-0.1047 (-0.27)		-0.0085
	0.4686 (0.69)	-0.5050 (-1.25)	-0.0118*** (-3.07)	0.0288
공정성(2)	1.2891* (1.66)	2.0589*** (2.84)		0.0268
	1.1278 (1.45)	1.5215* (1.97)	-0.0075* (-1.95)	0.0390
사회봉사(3)	0.2283 (0.30)	-0.1007 (-0.21)		-0.0086
	0.3605 (0.49)	-0.0273 (-0.06)	-0.0102*** (-2.81)	0.0219
환경보호(4)	0.1849 (0.27)	-0.5812 (-0.68)		-0.0067
	0.3547 (0.53)	-0.3620 (-0.43)	-0.0101*** (-2.76)	0.0227
종업원(5)	0.1339 (0.20)	0.8608* (1.70)		0.0042
	0.3095 (0.46)	0.7016 (1.39)	-0.0096*** (-2.64)	0.0305
경제발전 기여도	0.0910 (0.13)	0.1861 (0.30)		-0.0084
	0.3696 (0.52)	-0.0690 (-0.11)	-0.0103*** (-2.80)	0.0220
(1)+(2)	0.2740 (0.40)	0.3205 (1.00)		-0.0043
	0.3244 (0.48)	-0.0679 (-0.19)	-0.0106*** (-2.63)	0.0221
(3)+(4)+(5)	0.0253 (0.04)	0.1836 (0.62)		-0.0071
	0.2082 (0.29)	0.1814 (0.62)	-0.0102*** (-2.81)	0.0236

*, **, ***은 각각 통계적으로 10%, 5%, 1% 내에서 유의하다는 것을 나타냄.

또한 대기업들의 경제력 집중, 시장지배 지위남용, 부당한 공동행위, 불공정거래행위, 부당한 내부거래, 언론사와 광고사 보유 현황과 같은 공정성과 불성실 공시, 내부자 거래, 사업보고서나 감사보고서의 허위기재와 같은 위반 사항이 있는 지 여부를 평가하는 투명성, 그리고 대기업의 중소기업 고유 업종 침해사례 여부와 이들 기업들과의 협력관계 등을 평가하고 있는 공정성 항목은 다음 기의 자기자본이익률과 정(+)의 관계를 나타내었으며 이러한 결과는 통계적으로 1%, 10% 내에서 유의한 결과들이었다.

다음으로 기업규모와 부채비율을 추가한 다중회귀분석에서 있어서 기업규모와 부채비율 모두는 다음 기의 자기자본이익률과 부(-)의 관계를 나타내었고 특히 기업규모와 다음 기의 자기자본이익률 간의 부(-)의 관계는 이전의 결과들과는 상반된 결과였고 통계적으로 매우 유의한 수준을 보였다. 즉, 기업의 규모가 작을수록 다음 기의 자기자본이익률은 증가하는 것으로 나타났다.

② 주가수익률

기업지배구조 관련 항목인 건전성과 기업의 사회적 책임관련 항목인 사회봉사, 환경보호, 그리고 경제발전 기여도 항목은 다음 기의 주가수익률과 부(-)의 관계가 있는 것으로 나타났으며, 이들 결과들은 통계적으로 유의하지 않았다.

반면에 건전성과 공정성을 합한 기업지배구조 관련 점수와 사회봉사, 환경보호, 종업원 항목의 점수를 합한 기업의 사회적 책임관련 성과는 다음 기의 주가수익률과 정(+)의 관계가 있는 것으로 나타났다. 하지만 이들 결과들 역시 통계적으로 유의한 수준의 결과는 아니었다.

〈표 52〉 금기 사회적 성과 측정 세부항목과 다음 기
주가수익률간의 회귀분석 결과(5회)

	기업규모	항목별 점수	부채비율	Adj. R^2
건전성(1)	−10.0190*** (−2.70)	−0.2573 (−0.12)		0.0241
	−9.6397** (−2.57)	−0.7864 (−0.35)	−0.0156 (−0.74)	0.0221
공정성(2)	−4.6044 (−1.09)	9.9749** (2.53)		0.0517
	−4.4895 (−1.05)	10.3580** (2.45)	0.0054 (0.25)	0.0476
사회봉사(3)	−9.5700** (−2.35)	−0.7482 (−0.29)		0.0244
	−9.4034** (−2.31)	−0.6557 (−0.25)	−0.0129 (−0.64)	0.0218
환경보호(4)	−9.8591*** (−2.68)	−5.1329 (−1.11)		0.0295
	−9.6706*** (−2.61)	−4.8897 (−1.05)	−0.0112 (−0.56)	0.0264
종업원(5)	−10.2678*** (−2.82)	6.2767** (2.30)		0.0470
	−10.1250*** (−2.76)	6.1473** (2.24)	−0.0078 (−0.39)	0.0434
경제발전 기여도	−9.9853** (−2.57)	−0.2230 (−0.07)		0.0241
	−9.6156** (−2.44)	−0.5617 (−0.17)	−0.0137 (−0.68)	0.0217
(1)+(2)	−9.4625** (−2.54)	1.7233 (0.99)		0.0284
	−9.4344** (−2.53)	1.5068 (0.78)	−0.0059 (−0.27)	0.0243
(3)+(4)+(5)	−10.9763*** (−2.84)	1.2256 (0.76)		0.0266
	−10.7416*** (−2.76)	1.2228 (0.76)	−0.0131 (−0.66)	0.0241

*, **, ***은 각각 통계적으로 10%, 5%, 1% 내에서 유의하다는 것을 나타냄.

5회의 결과에서 주목할 점은 기업활동의 공정성과 투명성을 평가하는 공정성 항목과 종업원의 복지향상을 위해 노력하는 기업들의 활동을 평가하는 종업원 항목이 다음 기의 주가수익률에 긍정적인 영향을 미친다는 것이다. 이러한 결과들은 통계적으로 매우 유의한 결과들이었다.

(6) 6회(1996년)

1996년도에 측정한 경제정의지수모형 내의 각 세부항목들과 다음 기의 경제적 성과 간의 관계를 분석한 결과는 다음과 같다.

① 자기자본이익률(ROE)

기업의 환경개선노력과 환경개선의 결과, 그리고 환경관련 법률위반 및 오염실적 등을 평가하고 환경회계 공시유무, 에너지 절약마크, 에너지 자발적 협약 채택여부 등의 에너지 효율성, 환경관련 인증 및 수상여부를 평가하는 환경보호 항목과 종업원 복지향상 노력을 평가하는 종업원 항목, 그리고 경제발전을 위한 기술혁신 기여도를 평가하는 경제발전기여도 항목은 다음 기의 자기자본이익률과 정 (+)의 관계가 있는 것으로 나타났으며, 이들 결과들은 대체로 10%, 5% 내에서 유의하였다. 또한 사회봉사, 환경보호, 종업원 항목의 점수를 합한 기업의 사회적 책임관련 성과 역시 다음 기의 자기자본이익률과 정(+)의 관계가 있는 것으로 나타났지만 통계적으로 유의한 수준의 결과는 아니었다.

반면에 기업지배구조 관련 항목인 건전성과 공정성 항목, 그리고 이들 항목들의 점수를 합한 기업지배구조 점수와 기업들의 적극적인 사회봉사 참여노력을 평가한 사회봉사 항목은 다음 기의 자기자본이익률과 부(-)의 관계를 보였다.

〈표 53〉 금기 사회적 성과 측정 세부항목과 다음 기
자기자본이익률간의 회귀분석 결과(6회)

	기업규모	항목별 점수	부채비율	Adj. R^2
건전성(1)	3.4658*** (3.23)	−0.5526 (−0.84)		0.0354
	3.1135*** (3.33)	−1.8238*** (−3.07)	−0.0357*** (−8.66)	0.2688
공정성(2)	4.1318*** (3.59)	1.5771* (1.75)		0.0450
	1.8642* (1.76)	−1.6279* (−1.82)	−0.0363*** (−8.02)	0.2497
사회봉사(3)	3.9065*** (3.56)	−2.0526* (−1.87)		0.0469
	3.1839*** (3.25)	−1.5419 (−1.58)	−0.0322*** (−7.92)	0.2471
환경보호(4)	3.2275*** (2.96)	0.4640 (0.47)		0.0334
	2.3161** (2.40)	1.7108* (1.92)	−0.0339*** (−8.27)	0.2510
종업원(5)	3.5649*** (3.21)	−0.6004 (−0.70)		0.0345
	2.4740** (2.49)	0.6932 (0.89)	−0.0334*** (−8.02)	0.2416
경제발전 기여도	3.0398*** (2.62)	0.6418 (0.65)		0.0342
	1.8569* (1.81)	1.8625** (2.10)	−0.0340*** (−8.31)	0.2533
(1)+(2)	3.3854*** (3.16)	0.1722 (0.33)		0.0330
	2.1244** (2.27)	−1.8158*** (−3.66)	−0.0398*** (−8.99)	0.2806
(3)+(4)+(5)	3.7893*** (3.30)	−0.5048 (−1.02)		0.0368
	2.4268** (2.34)	0.3461 (0.76)	−0.0333*** (−7.96)	0.2409

*, **, ***은 각각 통계적으로 10%, 5%, 1% 내에서 유의하다는 것을 나타냄.

특히 기업의 건전한 경영활동의 내용을 평가하기 위한 건전성 항목과 공정성과 투명성을 평가하는 공정성 항목과 관련된 결과들은 통계적으로 매우 유의한 결과였다. 이렇듯 건전성 항목과 공정성 항목이 다음 기의 자기자본이익률 간에 부(-)의 관계가 있다는 것은 그만큼 국내에서는 기업지배구조 개선에 대한 투자자들의 관심이 크지 않다는 것을 의미하며 또한 국내 경제성장을 이끌어온 재벌체제에 대한 확고함이 여전히 존재하고 있다는 것을 의미하는 것이라 할 수 있을 것이다.

다음으로 기업규모와 부채비율을 추가한 다중회귀분석에서 있어서 기업규모는 다음 기의 자기자본이익률과 정(+)의 관계를, 부채비율은 다음 기의 자기자본이익률과 부(-)의 관계가 있음이 나타났고, 이러한 결과는 모두 통계적으로 유의한 수준이었다.

② 주가수익률

이들 결과들은 위의 세부 항목들과 다음 기 자기자본이익률과의 관계를 나타내는 결과들과는 다른 양상을 나타내었다. 우선, 기업지배구조 관련 항목인 건전성과 공정성에 있어서는 기업의 건전한 경영활동의 내용을 평가하기 위한 건전성 항목은 다음 기의 주가수익률과 부(-)의 관계를 보였고, 반면에 기업경영활동의 공정성과 투명성을 평가하는 공정성 항목은 다음 기의 주가수익률과 정(+)의 관계를 보였다. 이들 결과들은 모두 통계적으로 유의하였다. 또한 이들 항목들을 합한 점수와 다음 기의 주가수익률과의 관계 역시 정(+)의 관계를 보임으로써 강한 주주권을 가진 기업이 높은 기업가치, 높은 이익, 높은 매출성장률, 낮은 자본비용을 가지며 기업인수를 드물게 맞음을 밝힌 Gompers, Ishii, and Metrick(2003)의 연구결과와 동일한 결과를 얻을 수 있었다.

하지만 기업의 사회적 책임과 관련된 사회봉사, 환경보호, 종업원 항목과 이들 항목별 점수를 합한 점수는 다음 기의 주가수익률과 부(−)의 관계가 있는 것으로 나타났으며 대부분 통계적으로 유의하지 않았다.

〈표 54〉 금기 사회적 성과 측정 세부항목과 다음 기
주가수익률간의 회귀분석 결과(6회)

	기업규모	항목별 점수	부채비율	Adj. R^2
건전성(1)	15.4509*** (6.23)	−1.3310 (−0.87)		0.1358
	15.0517*** (6.23)	−2.7715* (−1.80)	−0.0405*** (−3.80)	0.1831
공정성(2)	19.4308*** (7.52)	8.5211*** (4.20)		0.1942
	18.1416*** (6.80)	6.6990*** (2.97)	−0.0206* (−1.81)	0.2020
사회봉사(3)	15.7710*** (6.17)	−2.2653 (−0.89)		0.1359
	14.9790*** (5.97)	−1.7056 (−0.68)	−0.0352*** (−3.39)	0.1732
환경보호(4)	16.0790*** (6.42)	−3.9087* (−1.71)		0.1437
	15.1756*** (6.13)	−2.6728 (−1.17)	−0.0336*** (−3.20)	0.1764
종업원(5)	16.2794*** (6.36)	−3.0092 (−1.53)		0.1416
	15.1733*** (5.99)	−1.6977 (−0.86)	−0.0338*** (−3.19)	0.1742
경제발전 기여도	16.1373*** (6.02)	−2.1344 (−0.93)		0.1362
	14.9186*** (5.63)	−0.8766 (−0.38)	−0.0350*** (−3.33)	0.1721

164

	기업규모	항목별 점수	부채비율	Adj. R^2
(1)+(2)	15.6707*** (6.35)	1.9320 (1.63)		0.1427
	14.5618*** (5.93)	0.1839 (0.14)	−0.0350*** (3.01)	0.1716
(3)+(4)+(5)	17.3370*** (6.56)	−2.4550** (−2.15)		0.1499
	16.0223*** (6.09)	−1.6341 (−1.42)	−0.0322*** (−3.02)	0.1787

*, **, ***은 각각 통계적으로 10%, 5%, 1% 내에서 유의하다는 것을 나타냄.

(7) 7회(1997년)

1997년은 우리나라의 경제가 외환위기로 인해 많은 어려움을 겪게 되었으며 이로 인해 기업을 둘러싼 국내 외부 환경의 변화도 적지 않게 큰 한 해였다. 그에 따라 점차 개선되어오던 기업들의 사회적 책임에 대한 인식 또한 뒤로 한 발 후퇴하게 되는 결과를 초래하게 되었다. 이러한 국내외 상황 속에서 1997년도에 측정한 경제정의지수모형 내의 각 세부항목들과 다음 기의 경제적 성과 간의 관계 분석을 통해 어떠한 변화들이 있었는지를 살펴보도록 한다.

① 자기자본이익률(ROE)

기업지배구조 관련 항목인 건전성은 자기자본이익률과 부(−)의 관계를 가지고 있는 것으로 나타났고, 반면에 같은 기업지배구조 관련 항목인 공정성은 다음 기 해당기업의 자기자본이익률과 정(+)의 관계를 갖고 있는 것으로 나타났으며 이러한 결과들은 모두 통계적으로 10%, 1% 내에서 유의한 결과였다. 즉, 투자지출과 자본조달에

있어서 기업이 건전할수록 다음 기 경제적 성과는 좋지 않았으며 기
업이 투명하고 공정할수록 다음 기 기업의 성과는 좋은 것으로 나타
났다.

다음으로 기업의 사회적 책임과 관련된 항목들을 살펴보면 다음과
같다. 우선, 대기업들의 저극적인 사회복지 참여노력을 평가한 사회
봉사 항목과 기업의 환경개선노력과 환경개선의 결과, 그리고 환경
관련 법률위반 및 오염실적 등을 평가하고 환경회계 공시유무, 에너
지 절약마크, 에너지 자발적 협약 채택여부 등의 에너지 효율성, 환
경관련 인증 및 수상여부를 평가하는 환경보호 항목은 다음 기 자기
자본이익률과 부(-)의 관계를 가지는 것으로 나타났으며 특히, 사회
봉사 항목과 다음 기 자기자본이익률과의 결과는 통계적으로 1% 내
에서 유의한 결과였다.

〈표 55〉 금기 사회적 성과 측정 세부항목과 다음 기
자기자본이익률간의 회귀분석 결과(7회)

	기업규모	항목별 점수	부채비율	Adj. R^2
건전성(1)	5.1236*** (4.50)	-0.6450 (-0.85)		0.0715
	4.4438*** (4.36)	-1.2005* (-1.77)	-0.0683*** (-7.94)	0.2636
공정성(2)	6.3336*** (5.29)	6.0073*** (2.97)		0.1021
	4.7163*** (4.24)	1.7040 (0.88)	-0.0642*** (-7.10)	0.2563
사회봉사(3)	5.0502*** (4.45)	-0.7349 (-0.90)		0.0719
	4.3225*** (4.24)	-0.8462 (-1.16)	-0.0669*** (-7.79)	0.2581

166

	기업규모	항목별 점수	부채비율	Adj. R^2
환경보호(4)	6.4827*** (5.16)	-2.8733** (-2.54)		0.0932
	4.5683*** (3.90)	-0.4617 (-0.43)	-0.0655*** (-7.24)	0.2544
종업원(5)	4.8593*** (4.25)	1.4040 (1.29)		0.0752
	4.1251*** (4.02)	1.4604 (1.51)	-0.0668*** (-7.80)	0.2609
경제발전 기여도	4.8200*** (4.07)	0.9269 (0.70)		0.0706
	4.5988*** (4.34)	-1.1820 (-0.97)	-0.0686*** (-7.79)	0.2568
(1)+(2)	5.0652*** (4.44)	0.1437 (0.21)		0.0688
	4.2120*** (4.12)	-0.8665 (-1.36)	-0.0691*** (-7.90)	0.2597
(3)+(4)+(5)	5.4425*** (4.59)	-0.6179 (-1.14)		0.0738
	4.3963*** (4.10)	-0.1076 (-0.22)	-0.0664*** (-7.65)	0.2540

*, **, ***은 각각 통계적으로 10%, 5%, 1% 내에서 유의하다는 것을 나타냄.

반면에 종업원 복지향상 노력을 평가하는 종업원 항목은 다음 기 자기자본이익률과 정(+)의 관계를 보였으나 이러한 결과는 통계적으로 유의하지 않았다.

또한 기업지배구조 관련 항목인 건전성과 공정성 항목들의 점수를 합한 기업지배구조 점수와 기업의 사회적 책임관련 항목들을 합한 기업의 사회적 책임 점수는 다음 기의 자기자본이익률과 부(-)의 관계를 보였으며 이들 결과 역시 통계적으로 유의하지 않았다.

② 주가수익률

기업지배구조 관련 항목인 건전성과 공정성 항목은 다음 기 주가
수익률에 긍정적인 영향을 미치는 것으로 나타났으며, 기업의 사회
적 책임관련 항목인 사회봉사 항목은 다음 기 주가수익률에 부정적
인 영향을 미치는 것으로 나타났다. 그러나 같은 기업의 사회적 책
임 관련 항목인 환경보호항목과 종업원 항목은 건전성과 공정성 항
목과 마찬가지로 이들 항목의 점수가 높을수록 다음 기 주가수익률
은 높은 것으로 나타났다. 그러나 이들 결과들 모두는 통계적으로
유의하지 않았다.

하지만 경제발전을 위한 기술혁신 기여도를 평가하는 경제발전 기
여도 항목은 다음 기의 주가수익률과 부($-$)의 관계가 있는 것으로
나타났으며, 이러한 결과는 통계적으로 1% 내에서 매우 유의한 값
이었다.

반면에 건전성과 공정성을 합한 기업지배구조 관련 점수와 사회봉
사, 환경보호, 종업원 항목의 점수를 합한 기업의 사회적 책임관련
성과는 다음 기의 주가수익률과 정($+$)의 관계가 있는 것으로 나타
났다. 하지만 이들 결과들 역시 통계적으로 유의한 수준의 결과는
아니었다.

〈표 56〉 금기 사회적 성과 측정 세부항목과 다음 기
주가수익률간의 회귀분석 결과(7회)

	기업규모	항목별 점수	부채비율	Adj. R^2
건전성(1)	16.4748*** (4.50)	−0.1133 (−0.05)		0.0711
	17.1811*** (4.72)	0.4638 (0.19)	0.0709** (2.31)	0.0877
공정성(2)	17.1377*** (4.39)	3.1640 (0.48)		0.0720
	19.2313*** (4.87)	8.7344 (1.27)	0.0831** (2.59)	0.0938
사회봉사(3)	16.4597*** (4.53)	−3.5192 (−1.35)		0.0782
	17.2160*** (4.76)	−3.4035 (−1.32)	0.0695** (2.28)	0.0942
환경보호(4)	14.7348*** (3.62)	3.4657 (0.94)		0.0745
	16.7168*** (4.02)	0.9690 (0.25)	0.0678** (2.11)	0.0878
종업원(5)	16.2133*** (4.41)	1.8248 (0.52)		0.0722
	16.9849*** (4.64)	1.7655 (0.51)	0.0702** (2.30)	0.0886
경제발전 기여도	19.3764*** (5.18)	−11.7089*** (−2.79)		0.1005
	19.5512*** (5.25)	−10.0432** (−2.34)	0.0542* (1.75)	0.1082
(1)+(2)	16.4890*** (4.51)	0.2679 (0.12)		0.0711
	17.4034*** (4.78)	1.3506 (0.60)	0.0740** (2.38)	0.0889
(3)+(4)+(5)	16.6730*** (4.38)	−0.3328 (−0.19)		0.0712
	17.8142*** (4.68)	−0.8894 (−0.51)	0.0724** (2.35)	0.0886

*, **, ***은 각각 통계적으로 10%, 5%, 1% 내에서 유의하다는 것을 나타냄.

다음으로 기업지배구조 관련 항목인 건전성과 공정성 항목들의 점수를 합한 기업지배구조 점수는 다음 기 주가수익률과 정(+)의 관계를 가지는 것으로 나타났으며 기업의 사회적 책임관련 항목들을 합한 기업의 사회적 책임 점수는 다음 기의 주가수익률과 부(-)의 관계를 가지는 것으로 나타났으며 이들 결과들 모두는 통계적으로 유의하지 않았다.

(8) 8회(1998년)

1998년도에 측정한 경제정의지수모형 내의 각 세부항목들과 다음 기의 경제적 성과 간의 관계를 분석한 결과는 다음과 같다.

① 자기자본이익률(ROE)

기업지배구조 관련 항목인 건전성과 공정성은 자기자본이익률과 부(-)의 관계를 가지고 있는 것으로 나타났으며 특히 건전성과 다음 기 자기자본이익률과의 관계를 나타내는 결과는 통계적으로 5%, 1% 내에서 유의한 결과였다. 즉, 투자지출과 자본조달에 있어서 기업이 건전할수록, 그리고 기업이 투명하고 공정할수록 다음 기 기업의 경제적 성과는 나쁜 것으로 나타났다.

다음으로 기업의 사회적 책임과 관련된 항목들을 살펴보면 다음과 같다. 우선, 대기업들의 저극적인 사회복지 참여노력을 평가한 사회봉사 항목과 기업의 환경개선노력과 환경개선의 결과, 그리고 환경관련 법률위반 및 오염실적 등을 평가하고 환경회계 공시유무, 에너지 절약마크, 에너지 자발적 협약 채택여부 등의 에너지 효율성, 환경관련 인증 및 수상여부를 평가하는 환경보호 항목은 다음 기 자기

자본이익률과 부(-)의 관계를 가지는 것으로 나타났으며 이들 결과
들은 통계적으로 10% 내에서 유의한 결과였다.

〈표 57〉 금기 사회적 성과 측정 세부항목과 다음 기
자기자본이익률간의 회귀분석결과(8회)

	기업규모	항목별 점수	부채비율	Adj. R^2
건전성(1)	2.4013*** (3.74)	-0.8798** (-2.11)		0.0621
	1.7054*** (3.08)	-1.0887*** (-3.04)	-0.0674*** (-9.17)	0.3117
공정성(2)	2.5128*** (3.68)	0.6412 (0.98)		0.0479
	1.5552** (2.58)	-0.0807 (-0.14)	-0.0662*** (-8.75)	0.2839
사회봉사(3)	2.8956*** (4.05)	-1.8987* (-1.89)		0.0586
	1.9578*** (3.10)	-1.1399 (-1.30)	-0.0651*** (-8.68)	0.2891
환경보호(4)	2.7117*** (4.01)	-1.1993* (-1.91)		0.0589
	1.6949*** (2.82)	-0.2912 (-0.52)	-0.0653*** (-8.56)	0.2847
종업원(5)	2.2257*** (3.41)	0.7840 (0.63)		0.0455
	1.5672*** (2.75)	0.2202 (0.20)	-0.0659*** (-8.79)	0.2840
경제발전 기여도	1.9462*** (2.85)	0.9212 (1.49)		0.0531
	1.5702*** (2.64)	0.0419 (0.08)	-0.0659*** (-8.65)	0.2839
(1)+(2)	2.2101*** (3.41)	-0.3695 (-1.13)		0.0492
	1.4114** (2.51)	-0.6809** (-2.42)	-0.0682*** (-9.16)	0.3018
(3)+(4)+(5)	2.9393*** (4.08)	-0.8610* (-1.95)		0.0595
	1.8495*** (2.89)	-0.3373 (-0.87)	-0.0650*** (-8.59)	0.2862

*, **, ***은 각각 통계적으로 10%, 5%, 1% 내에서 유의하다는 것을 나타냄.

반면에 종업원 복지향상 노력을 평가하는 종업원 항목은 다음 기 자기자본이익률과 정(+)의 관계를 보였으나 이러한 결과는 통계적으로 유의하지 않았다.

또한 기업지배구조 관련 항목인 건전성과 공정성 항목들의 점수를 합한 기업지배구조 점수와 기업의 사회적 책임관련 항목들을 합한 기업의 사회적 책임 점수는 다음 기의 자기자본이익률과 부(−)의 관계를 보였으며 이들 결과들은 모두 통계적으로 5%, 10% 내에서 유의한 결과였다. 즉, 기업이 개선된 기업지배구조를 가질수록, 그리고 사회적 책임을 성실하게 수행할수록 다음 기의 자기자본이익률은 떨어진다는 것을 의미하는 것이고 이러한 결과는 본 연구가설과 반대되는 것이다.

② 주가수익률

기업지배구조 관련 항목인 건전성과 공정성 항목은 다음 기 주가수익률에 긍정적인 영향을 미치는 것으로 나타났으나 이들 결과들 모두는 통계적으로 유의하지 않았다.

다음으로 기업의 사회적 책임관련 항목인 사회봉사 항목과 환경보호 항목은 다음 기 주가수익률에 부정적인 영향을 미치는 것으로 나타났다. 그러나 같은 기업의 사회적 책임 관련 항목인 종업원 항목은 건전성과 공정성 항목과 마찬가지로 이들 항목의 점수가 높을수록 다음 기 주가수익률은 높은 것으로 나타났다. 이들 결과들 중에서 사회봉사 항목과 다음 기 주가수익률과의 관계를 나타내는 결과는 통계적으로 1% 내에서 유의한 값이었다.

〈표 58〉 금기 사회적 성과 측정 세부항목과 다음 기
주가수익률간의 회귀분석 결과(8회)

	기업규모	항목별 점수	부채비율	Adj. R^2
건전성(1)	41.6412*** (6.15)	4.8160 (1.09)		0.1424
	42.6059*** (6.23)	5.1056 (1.16)	0.0935 (1.03)	0.1426
공정성(2)	45.2818*** (6.34)	8.8061 (1.28)		0.1441
	46.8116*** (6.45)	9.9594 (1.44)	0.1057 (1.16)	0.1453
사회봉사(3)	57.1542*** (7.90)	−46.8670*** (−4.61)		0.2112
	58.9992*** (8.05)	−48.3599*** (−4.75)	0.1280 (1.47)	0.2152
환경보호(4)	44.3056*** (6.20)	−5.8884 (−0.89)		0.1409
	45.9572*** (6.31)	−7.3635 (−1.09)	0.1060 (1.15)	0.1421
종업원(5)	41.7115*** (6.09)	6.3311 (0.48)		0.1388
	42.6078*** (6.16)	7.0985 (0.54)	0.0897 (0.99)	0.1387
경제발전 기여도	50.6481*** (7.23)	−22.4267*** (−3.54)		0.1826
	50.8174*** (7.22)	−22.0308*** (−3.41)	0.0297 (0.33)	0.1794
(1)+(2)	43.3609*** (6.40)	5.0767 (1.49)		0.1462
	44.5860*** (6.50)	5.5543 (1.62)	0.1046 (1.15)	0.1474
(3)+(4)+(5)	50.6384*** (6.73)	−11.1591** (−2.42)		0.1594
	52.7155*** (6.88)	−12.1573*** (−2.61)	0.1239 (1.37)	0.1626

*, **, ***은 각각 통계적으로 10%, 5%, 1% 내에서 유의하다는 것을 나타냄.

또한 경제발전을 위한 기술혁신 기여도를 평가하는 경제발전 기여도 항목은 다음 기의 주가수익률과 부(-)의 관계가 있는 것으로 나타났으며, 이러한 결과는 통계적으로 1% 내에서 매우 유의한 값이었다.

그리고 건전성과 공정성을 합한 기업지배구조 관련 점수는 다음 기 주가수익률과 정(+)의 관계를, 사회봉사, 환경보호, 종업원 항목의 점수를 합한 기업의 사회적 책임관련 성과는 다음 기의 주가수익률과 부(-)의 관계가 있는 것으로 나타났다. 특히, 기업의 사회적 책임과 다음 기 주가수익률과의 관계는 통계적으로 매우 유의한 값이었다. 이러한 결과가 갖는 의미는 더 나은 기업지배구조를 가진 기업일수록 다음 기 주가수익률이 높았으며, 반대로 높은 사회적 책임을 수행하는 기업일수록 다음 기 주가수익률이 떨어진다는 것이다.

(9) 9회(1999년)

1999년도에 측정한 경제정의지수모형 내의 각 세부항목들과 다음 기의 경제적 성과 간의 관계를 분석한 결과는 다음과 같다.

① 자기자본이익률(ROE)

기업지배구조 관련 항목인 건전성과 공정성은 자기자본이익률과 부(-)의 관계를 가지고 있는 것으로 나타났으며 특히 건전성과 다음 기 자기자본이익률과의 관계를 나타내는 결과는 통계적으로 5% 내에서 유의한 결과였고, 공정성과 다음 기 자기자본이익률과의 관계를 나타내는 결과는 통계적으로 10% 내에서 유의한 결과였다. 즉, 투자지출과 자본조달에 있어서 기업이 건전할수록, 그리고 기업이 투명하고 공정할수록 다음 기 기업의 경제적 성과는 나쁜 것으로 나타났다.

<표 59> 금기 사회적 성과 측정 세부항목과 다음 기
자기자본이익률간의 회귀분석결과(9회)

	기업규모	항목별 점수	부채비율	Adj. R^2
건전성(1)	3.5255*** (3.06)	0.2239 (0.36)		0.0380
	2.6666*** (3.16)	−1.1541** (−2.47)	−0.1349*** (−14.12)	0.4876
공정성(2)	3.6089*** (3.08)	−0.0851 (−0.09)		0.0375
	1.5631* (1.79)	−1.3284* (−1.86)	−0.1322*** (−13.95)	0.4817
사회봉사(3)	3.6246*** (3.28)	0.3426 (0.28)		0.0378
	2.1220** (2.57)	−0.0535 (−0.06)	−0.1300*** (−13.72)	0.4737
환경보호(4)	4.3954*** (3.63)	−1.7707 (−1.49)		0.0468
	2.0777** (2.27)	0.0939 (0.10)	−0.1302*** (−13.58)	0.4738
종업원(5)	3.3085*** (2.92)	1.7861 (1.22)		0.0438
	2.1625** (2.56)	−0.2491 (−0.23)	−0.1303*** (−13.63)	0.4739
경제발전 기여도	3.6240*** (3.14)	0.0486 (0.06)		0.0375
	2.5778*** (3.03)	−1.2647* (−1.97)	−0.1327*** (−13.98)	0.4826
(1)+(2)	3.6273*** (3.28)	0.1245 (0.24)		0.0377
	2.1836*** (2.70)	−1.1604*** (−3.05)	−0.1369*** (−14.33)	0.4946
(3)+(4)+(5)	3.7078*** (3.07)	−0.0975 (−0.13)		0.0375
	2.1492** (2.39)	−0.0447 (−0.08)	−0.1300*** (−13.72)	0.4738

*, **, ***은 각각 통계적으로 10%, 5%, 1% 내에서 유의하다는 것을 나타냄.

다음으로 기업의 사회적 책임관련 항목인 사회봉사 항목과 종업원 항목의 경우에는 기업규모가 추가된 회귀분석에서는 다음 기 자기자본이익률과 정(+)의 관계를, 기업규모와 부채비율이 추가된 회귀분석에서는 다음 기 자기자본이익률과 부(-)의 관계를 가지는 것으로 나타났다. 또한 동일한 기업의 사회적 책임 관련 항목인 환경보호 항목은 기업규모가 추가된 회귀분석에서는 다음 기 자기자본이익률과 부(-)의 관계를, 기업규모와 부채비율이 추가된 회귀분석에서는 다음 기 자기자본이익률과 정(+)의 관계를 가지는 것으로 나타났다. 하지만 이들 결과들 모두는 통계적으로 유의한 값이 아니었다.

또한 기업지배구조 관련 항목인 건전성과 공정성 항목들의 점수를 합한 기업지배구조 점수와 기업의 사회적 책임관련 항목들을 합한 기업의 사회적 책임 점수는 다음 기의 자기자본이익률과 부(-)의 관계를 보였으며, 특히 기업지배구조 점수와 다음 기 자기자본이익률과의 관계를 나타내는 결과는 통계적으로 1% 내에서 유의한 결과였다.

② 주가수익률

기업지배구조 관련 항목인 건전성과 공정성에 있어서는 기업의 건전한 경영활동의 내용을 평가하기 위한 건전성 항목은 다음 기의 주가수익률과 부(-)의 관계를 보였고, 반면에 기업경영활동의 공정성과 투명성을 평가하는 공정성 항목은 다음 기의 주가수익률과 정(+)의 관계를 보였다. 하지만 이들 결과들 모두는 통계적으로 유의하지 않았다. 또한 이들 항목들을 합한 점수와 다음 기의 주가수익률과의 관계 역시 부(-)의 관계를 가지는 것으로 나타났다.

〈표 60〉 금기 사회적 성과 측정 세부항목과 다음 기
주가수익률간의 회귀분석 결과(9회)

	기업규모	항목별 점수	부채비율	Adj. R^2
건전성(1)	−3.1033 (−1.41)	−0.1746 (−0.15)		0.0014
	−3.3415 (−1.52)	−0.5566 (−0.46)	−0.0374 (−1.50)	0.0069
공정성(2)	−2.7660 (−1.24)	1.0738 (0.58)		0.0028
	−3.2888 (−1.45)	0.7560 (0.41)	−0.0338 (−1.37)	0.0067
사회봉사(3)	−3.3714 (−1.60)	3.3065 (1.40)		0.0098
	−3.7644* (−1.78)	3.2029 (1.35)	−0.0340 (−1.40)	0.0140
환경보호(4)	−2.2550 (−0.97)	−2.2112 (−0.98)		0.0054
	−2.8278 (−1.20)	−1.7504 (−0.76)	−0.0322 (−1.30)	0.0085
종업원(5)	−5.0756** (−2.40)	10.0457*** (3.69)		0.0581
	−5.2824** (−2.49)	9.6785*** (3.52)	−0.0235 (−0.98)	0.0579
경제발전 기여도	−2.9102 (−1.32)	−0.7338 (−0.44)		0.0021
	−3.2052 (−1.45)	−1.1040 (−0.66)	−0.0374 (−1.52)	0.0079
(1)+(2)	−3.2178 (−1.52)	0.1842 (0.19)		0.0014
	−3.5969* (−1.69)	−0.1533 (−0.15)	−0.0359 (−1.43)	0.0060
(3)+(4)+(5)	−5.0555** (−2.21)	2.7953** (2.03)		0.0191
	−5.4798** (−2.39)	2.8097** (2.04)	−0.0354 (−1.46)	0.0240

*, **, ***은 각각 통계적으로 10%, 5%, 1% 내에서 유의하다는 것을 나타냄.

다음으로 기업의 사회적 책임관련 항목인 사회봉사 항목과 종업원 항목은 다음 기 주가수익률에 긍정적인 영향을 미치는 것으로 나타났다. 그러나 같은 기업의 사회적 책임 관련 항목인 환경보호 항목은 이들 항목의 점수가 높을수록 다음 기 주가수익률은 낮은 것으로 나타났다. 특히, 이들 결과들 중에서 종업원 항목과 다음 기 주가수익률과의 관계를 나타내는 결과는 통계적으로 1% 내에서 유의한 값이었으며 이러한 결과는 기존 연도들의 결과들과 다른 결과이다.

또한 기업의 사회적 책임관련 항목들의 점수를 합한 사회적 책임 점수와 다음 기 주가수익률 간에는 정(+)의 관계를 가지는 것으로 나타났으며 이러한 결과는 통계적으로 매우 유의한 수준이었다. 즉, 이것은 기업이 사회적 책임을 다할수록 다음 기 주가수익률은 높다는 것을 나타내는 것으로써 기업이 이해 관계자를 비롯한 사회에 대한 책임을 충실히 수행할 때 수익성, 단기 상환능력, 그리고 부채비율과 같은 재무적 성과에 있어서 더 좋은 성과를 얻을 수 있다는 것을 밝힌 Waddock and Graves(1997)의 연구와 같은 결과이며 본 연구논문의 가설이 지지되고 있음을 보여주는 것이다.

(10) 10회(2000년)

2000년, 경제정의지수는 경제정의기업상을 선정하기 위해 국내 제조기업들을 대상으로 건전성, 공정성, 사회봉사, 환경보호, 종업원, 경제발전기여도 항목을 측정하여 평가하였다. 이들 세부 항목들과 다음 기의 경제적 성과 간의 관계를 분석한 결과는 다음과 같다.

① 자기자본이익률(ROE)

기업지배구조 관련 항목인 건전성과 공정성은 자기자본이익률과 정(+)의 관계를 가지고 있는 것으로 나타났으며 특히 건전성과 다음 기 자기자본이익률과의 관계를 나타내는 결과는 통계적으로 5% 내에서 유의한 수준이었다. 하지만, 공정성 항목의 결과에 있어서 기업규모와 부채비율이 추가된 회귀분석 결과에서는 다음 기 자기자본이익률과 부(-)의 관계를 가지는 것으로 나타났지만 통계적으로 유의하지는 않았다. 이것이 가지는 의미는 투자지출과 자본조달에 있어서 기업이 건전할수록, 그리고 기업이 투명하고 공정할수록 다음 기 기업의 경제적 성과는 좋아진다는 것이다. 이러한 결과는 강한 주주권을 가진 기업이 높은 기업가치, 높은 이익, 높은 매출성장률, 낮은 자본비용을 가지며 기업인수를 드물게 맞음을 밝힌 Gompers, Ishii, and Metrick(2003)의 연구결과와 동일한 결과로써 본 연구논문의 가설이 지지되고 있음을 나타낸다.

다음으로 기업의 사회적 책임과 관련된 항목들을 살펴보면 다음과 같다. 대기업들의 적극적인 사회복지 참여노력을 평가한 사회봉사 항목과 기업의 환경개선노력과 환경개선의 결과, 그리고 환경관련 법률위반 및 오염실적 등을 평가하고 환경회계 공시유무, 에너지 절약마크, 에너지 자발적 협약 채택여부 등의 에너지 효율성, 환경관련 인증 및 수상여부를 평가하는 환경보호 항목, 그리고 종업원 복지향상 노력을 평가하는 종업원 항목들 모두는 다음 기 자기자본이익률과 정(+)의 관계를 가지는 것으로 나타났으나 이들 결과들은 통계적으로 유의한 수준은 아니었다.

또한 기업지배구조 관련 항목인 건전성과 공정성 항목들의 점수를 합한 기업지배구조 점수와 기업의 사회적 책임관련 항목들을 합한 기업의 사회적 책임 점수 역시 다음 기의 자기자본이익률과 정(+)의 관계를 보였다.

〈표 61〉 금기 사회적 성과 측정 세부항목과 다음 기 자기자본이익률간의 회귀분석결과(10회)

	기업규모	항목별 점수	부채비율	Adj. R^2
건전성(1)	1.5169** (2.51)	1.1587** (2.28)		0.0717
	1.6090*** (2.92)	0.2137 (0.44)	−0.0749*** (−5.90)	0.2320
공정성(2)	2.3655*** (3.16)	0.9909 (1.21)		0.0507
	1.3651** (1.98)	−0.5252 (−0.68)	−0.0793*** (−6.29)	0.2333
사회봉사(3)	1.7991*** (3.01)	1.6649 (1.22)		0.0508
	1.6543*** (3.08)	0.7373 (0.60)	−0.0758*** (−6.28)	0.2328
환경보호(4)	1.6372** (2.41)	0.5223 (0.57)		0.0439
	1.2375** (2.04)	1.2104 (1.46)	−0.0789*** (−6.56)	0.2411
종업원(5)	2.0357*** (3.29)	1.0140 (1.31)		0.0521
	1.7824*** (3.19)	0.5565 (0.79)	−0.0757*** (−6.28)	0.2341
경제발전 기여도	1.3789** (2.07)	1.0298 (1.46)		0.0544
	1.1825** (1.98)	1.1199* (1.77)	−0.0771*** (−6.49)	0.2458
(1)+(2)	2.1203*** (3.53)	1.0326** (2.50)		0.0775
	1.6615*** (3.00)	0.0021 (0.01)	−0.0766*** (−5.78)	0.2311
(3)+(4)+(5)	1.7012*** (2.84)	0.8192 (1.63)		0.0574
	1.5633*** (2.91)	0.6958 (1.54)	−0.0759*** (−6.36)	0.2422

*, **, ***은 각각 통계적으로 10%, 5%, 1% 내에서 유의하다는 것을 나타냄.

② 주가수익률

	기업규모	항목별 점수	부채비율	Adj. R^2
건전성(1)	15.6251*** (4.41)	-0.9287 (-0.31)		0.0982
	15.5965*** (4.38)	-0.6355 (-0.20)	0.0232 (0.28)	0.0931
공정성(2)	13.9981*** (3.23)	-2.5072 (-0.53)		0.0993
	14.2195*** (3.18)	-2.1718 (-0.43)	0.0176 (0.22)	0.0939
사회봉사(3)	15.3342*** (4.43)	4.3885 (0.56)		0.0994
	15.3996*** (4.44)	4.8076 (0.60)	0.0342 (0.44)	0.0949
환경보호(4)	12.7328*** (3.27)	7.6627 (1.45)		0.1092
	12.8078*** (3.26)	7.5334 (1.41)	0.0148 (0.19)	0.1039
종업원(5)	16.0565*** (4.48)	3.1317 (0.70)		0.1004
	16.1722*** (4.48)	3.3408 (0.74)	0.0346 (0.44)	0.0959
경제발전 기여도	16.9780*** (4.39)	-3.7401 (-0.91)		0.1023
	17.0548*** (4.39)	-3.7753 (-0.92)	0.0302 (0.39)	0.0976
(1)+(2)	15.0089*** (4.25)	-1.2800 (-0.53)		0.0992
	15.0913*** (4.22)	0.0138 (0.16)		0.0938
(3)+(4)+(5)	14.7777*** (4.27)	4.2540 (1.46)		0.1094
	14.8385*** (4.27)	4.3084 (1.47)	0.0335 (0.43)	0.1049

*, **, ***은 각각 통계적으로 10%, 5%, 1% 내에서 유의하다는 것을 나타냄.

기업의 건전한 경영활동의 내용을 평가하기 위한 건전성 항목과 기업경영활동의 공정성과 투명성을 평가하는 공정성 항목 모두는 다음 기의 주가수익률과 부(-)의 관계를 가지는 것으로 나타났다. 하지만 이들 결과들 모두는 통계적으로 유의하지 않았다. 또한 이들 항목들을 합한 점수와 다음 기의 주가수익률과의 관계 역시 부(-)의 관계를 가지는 것으로 나타났으며, 단지 기업규모 변수와 부채비율 변수가 추가된 회귀분석에서는 다음 기 주가수익률과 정(+)의 관계를 가지는 것으로 나타났다.

하지만 기업의 사회적 책임관련 항목인 사회봉사 항목과 종업원 항목, 그리고 환경보호 항목은 다음 기 주가수익률에 긍정적인 영향을 미치는 것으로 나타났다. 또한 기업의 사회적 책임관련 항목들의 점수를 합한 사회적 책임점수와 다음 기 주가수익률 간에도 정(+)의 관계를 가지는 것으로 나타났으나 이러한 결과 역시 통계적으로 유의하지는 않았다.

(11) 11회(2001년)

2001년, 경제정의지수는 경제정의기업상을 선정하기 위해 국내 제조기업들을 대상으로 건전성, 공정성, 사회봉사, 소비자보호, 환경보호, 종업원, 경제발전기여도 항목을 측정하여 평가하였다. 이들 세부 항목들과 다음 기의 경제적 성과 간의 관계를 분석한 결과는 다음과 같다.

① 자기자본이익률(ROE)

기업지배구조 관련 항목인 건전성과 공정성은 다음 기 자기자본이익률과 정(+)의 관계를 가지고 있는 것으로 나타났으며 특히 건전성 항목에 있어서 기업규모 변수가 추가된 회귀분석 결과는 통계적으로 5%

내에서 유의한 결과였다. 즉, 투자지출과 자본조달에 있어서 기업이 건
전할수록 다음 기 기업의 경제적 성과는 좋아지는 것으로 나타났다.

<표 63> 금기 사회적 성과 측정 세부항목과 다음 기
자기자본이익률간의 회귀분석결과(11회)

	기업규모	항목별 점수	부채비율	Adj. R^2
건전성(1)	1.1623* (1.96)	1.2968** (2.44)		0.0484
	1.4324*** (2.62)	−0.4809 (−0.85)	−0.0763*** (−6.27)	0.1970
공정성(2)	1.5238** (2.58)	0.9359 (0.48)		0.0220
	1.3416** (2.50)	0.5373 (0.30)	−0.0709*** (−6.73)	0.1945
사회봉사(3)	2.1598*** (3.40)	−3.7631** (−2.52)		0.0502
	2.1275*** (3.74)	−4.5690*** (−3.41)	−0.0740*** (−7.19)	0.2371
소비자보호(4)	1.7309*** (2.77)	2.5561 (1.08)		0.0264
	1.3960** (2.45)	0.7693 (0.35)	−0.0706*** (−6.65)	0.1946
환경보호(5)	1.6911*** (2.65)	−1.3428 (−0.79)		0.0239
	1.2467** (2.14)	0.5017 (0.32)	−0.0717*** (−6.70)	0.1945
종업원(6)	1.6559*** (2.86)	2.7744*** (2.71)		0.0544
	1.4332*** (2.70)	1.7299* (1.82)	−0.0677*** (−6.39)	0.2068
경제발전 기여도	1.5216** (2.42)	−0.1179 (−0.13)		0.0210
	1.6640*** (2.93)	−1.3646* (−1.66)	−0.0749*** (−6.99)	0.2048
(1)+(2)	1.2270** (2.09)	1.2064** (2.42)		0.0478
	1.3934** (2.57)	−0.3661 (−0.70)	−0.0751*** (−6.26)	0.1960
(3)+(4)+(5) +(6)	1.4029** (2.34)	0.5104 (0.68)		0.0231
	1.3360** (2.45)	−0.0781 (−0.11)	−0.0712*** (−6.70)	0.1942

*, **, ***은 각각 통계적으로 10%, 5%, 1% 내에서 유의하다는 것을 나타냄.

다음으로 기업의 사회적 책임과 관련된 항목들을 살펴보면 다음과 같다. 대기업들의 적극적인 사회복지 참여노력을 평가한 사회봉사 항목은 다음 기 자기자본이익률과 부(−)의 관계를 가지는 것으로 나타났으며 이러한 결과는 통계적으로 5%, 1% 내에서 유의한 수준이었다. 즉, 기업들이 적극적으로 사회복지를 위해 노력할수록 다음 기 기업의 경제적 성과는 좋지 않다는 것을 의미한다. 하지만 소비자보호 및 소비자 만족도를 평가하는 소비자보호 항목과 기업의 환경개선노력과 환경개선의 결과, 그리고 환경관련 법률위반 및 오염실적 등을 평가하는 환경보호 항목, 그리고 종업원 복지향상 노력을 평가하는 종업원 항목들 모두는 다음 기 자기자본이익률과 정(+)의 관계를 가지는 것으로 나타났으며 특히 종업원 항목과 관련된 결과는 통계적으로 매우 유의한 수준이었다.

② 주가수익률

기업지배구조 관련 항목인 건전성과 공정성에 있어서의 결과를 살펴보면 다음과 같다. 기업의 건전한 경영활동의 내용을 평가하기 위한 건전성 항목은 다음 기의 주가수익률과 부(−)의 관계를 보였고, 반면에 기업경영활동의 공정성과 투명성을 평가하는 공정성 항목은 다음 기의 주가수익률과 정(+)의 관계를 보였다. 특히, 기업의 건전성 항목과 관련하여 기업규모 변수와 부채비율 변수가 추가된 회귀분석의 결과는 통계적으로 10% 내에서 유의한 수준의 결과였다.

<표 64> 금기 사회적 성과 측정 세부항목과 다음 기
주가수익률간의 회귀분석 결과(11회)

	기업규모	항목별 점수	부채비율	Adj. R^2
건전성(1)	5.2097*** (3.95)	0.0418 (0.04)		0.0650
	5.5893*** (4.36)	-2.4565* (-1.86)	-0.1072*** (-3.76)	0.1207
공정성(2)	5.3262*** (4.13)	3.0574 (0.71)		0.0673
	5.1207*** (4.05)	2.6077 (0.62)	-0.0800*** (-3.22)	0.1077
사회봉사(3)	5.3994*** (3.82)	-1.0085 (-0.30)		0.0654
	5.3637*** (3.89)	-1.8993 (-0.58)	-0.0818*** (-3.28)	0.1075
소비자보호(4)	5.8208*** (4.25)	6.4066 (1.24)		0.0719
	5.4513*** (4.05)	4.4354 (0.87)	-0.0779*** (-3.11)	0.1093
환경보호(5)	5.6038*** (4.01)	-2.5778 (-0.69)		0.0672
	5.1081*** (3.71)	-0.5202 (-0.14)	-0.0799*** (-3.16)	0.1061
종업원(6)	5.1983*** (4.03)	-0.3715 (-0.16)		0.0651
	4.9230*** (3.90)	-1.6625 (-0.73)	-0.0837*** (-3.32)	0.1084
경제발전 기여도	5.9198*** (4.32)	-2.7243 (-1.41)		0.0739
	6.0959*** (4.58)	-4.2666** (-2.22)	-0.0927*** (-3.68)	0.1269
(1)+(2)	5.1678*** (3.96)	0.2398 (0.22)		0.0652
	5.3923*** (4.24)	-1.8821 (-1.53)	-0.1013*** (-3.59)	0.1161
(3)+(4)+(5)+(6)	5.2733*** (4.01)	-0.3058 (-0.19)		0.0652
	5.1958*** (4.04)	-0.9875 (-0.61)	-0.0825*** (-3.29)	0.1076

*, **, ***은 각각 통계적으로 10%, 5%, 1% 내에서 유의하다는 것을 나타냄.

다음으로 대기업들의 적극적인 사회복지 참여노력을 평가한 사회봉사 항목, 기업의 환경개선노력과 환경개선의 결과, 그리고 환경관련 법률위반 및 오염실적 등을 평가하는 환경보호 항목, 그리고 종업원 복지향상 노력을 평가하는 종업원 항목은 다음 기 주가수익률과 부(−)의 관계를 가지는 것으로 나타났으며 이러한 결과들 모두는 통계적으로 유의하지 않았다. 또한 사회적 책임관련 항목들을 합한 값은 다음 기 주가수익률에 부정적인 영향을 미치는 것으로 나타났다.

그러나 소비자보호 및 소비자 만족도를 평가하는 소비자보호 항목은 다음 기 주가수익률에 긍정적인 영향을 미치는 것으로 나타났다. 하지만 이 결과 또한 통계적으로 유의한 수준은 아니었다.

(12) 12회(2002년)

2002년, 경제정의지수는 경제정의기업상을 선정하기 위해 국내 제조기업들을 대상으로 건전성, 공정성, 사회봉사, 소비자보호, 환경보호, 종업원, 경제발전기여도 항목을 측정하여 평가하였다. 이들 세부 항목들과 다음 기의 경제적 성과 간의 관계를 분석한 결과는 다음과 같다.

① 자기자본이익률(ROE)

기업지배구조 관련 항목인 건전성과 공정성은 다음 기 자기자본이익률과 정(+)의 관계를 가지고 있는 것으로 나타났으나 이들 결과들은 통계적으로 유의하지는 않았다. 특히, 건전성 항목과 관련하여 기업규모 변수와 부채비율 변수가 추가된 회귀분석 결과에서는 다음 기 자기자본이익률에 부정적인 영향을 미치는 것으로 나타났다. 하지만 이 결과 역시 통계적으로 유의한 수준은 아니었다.

〈표 65〉 금기 사회적 성과 측정 세부항목과 다음 기
자기자본이익률간의 회귀분석결과(12회)

	기업규모	항목별 점수	부채비율	Adj. R^2
건전성(1)	1.8004*** (5.00)	0.1964 (0.57)		0.1294
	2.0438*** (5.63)	−0.1845 (−0.51)	−0.0283*** (−2.90)	0.1640
공정성(2)	1.8316*** (5.24)	0.6098 (0.58)		0.1294
	1.9548*** (5.67)	0.8052 (0.78)	−0.0270*** (−2.96)	0.1656
사회봉사(3)	1.7251*** (4.75)	0.7086 (1.18)		0.1345
	1.8533*** (5.17)	0.7110 (1.20)	−0.0265*** (−2.92)	0.1695
소비자보호(4)	1.9537*** (5.06)	0.9608 (0.58)		0.1295
	2.0203*** (5.33)	0.3688 (0.23)	−0.0263*** (−2.86)	0.1630
환경보호(5)	2.0399*** (5.67)	−1.5113* (−1.78)		0.1430
	2.2255*** (6.27)	−1.8698** (−2.24)	−0.0292*** (−3.22)	0.1857
종업원(6)	1.8756*** (5.42)	0.6127 (1.35)		0.1366
	1.9966*** (5.84)	0.5088 (1.14)	−0.0257*** (−2.82)	0.1688
경제발전 기여도	1.7691*** (4.80)	0.3729 (0.69)		0.1301
	1.9690*** (5.34)	0.0593 (0.11)	−0.0263*** (−2.83)	0.1628
(1) + (2)	1.7802*** (4.92)	0.2363 (0.72)		0.1303
	2.0110*** (5.52)	−0.0757 (−0.22)	−0.0272*** (−2.83)	0.1630
(3) + (4) + (5) + (6)	1.7820*** (5.07)	0.4309 (1.17)		0.1344
	1.9315*** (5.53)	0.2775 (0.76)	−0.0255*** (−2.77)	0.1655

*, **, ***은 각각 통계적으로 10%, 5%, 1% 내에서 유의하다는 것을 나타냄.

다음으로 기업의 사회적 책임과 관련된 항목들을 살펴보면 다음과 같다. 기업의 환경개선노력과 환경개선의 결과를 평가하는 환경보호 항목은 다음 기 자기자본이익률과 부(−)의 관계를 가지는 것으로 나타났으며 이러한 결과는 통계적으로 10%, 5% 내에서 유의한 수준이었다. 즉, 기업들이 적극적으로 환경보호를 위해 노력할수록 다음 기 기업의 경제적 성과는 좋지 않다는 것을 의미한다.

하지만 대기업들의 적극적인 사회복지 참여노력을 평가한 사회봉사 항목과 소비자보호 및 소비자 만족도를 평가한 소비자보호 항목, 그리고 종업원 복지향상 노력을 평가한 종업원 항목들 모두는 다음 기 자기자본이익률과 정(+)의 관계를 가지는 것으로 나타났다. 또한 사회적 책임관련 항목인 사회봉사 항목, 소비자보호 항목, 환경보호 항목, 종업원 항목 점수 모두를 합한 사회적 책임 점수와 다음 기 자기자본이익률과의 관계도 정(+)의 관계가 있는 것으로 나타났다. 하지만 이들 결과들 모두 통계적으로 유의한 수준은 아니었다.

② 주가수익률

기업지배구조 관련 항목인 건전성과 공정성에 있어서의 결과를 살펴보면 다음과 같다. 기업의 건전한 경영활동의 내용을 평가하기 위한 건전성 항목은 다음 기의 주가수익률과 부(−)의 관계를 보였고, 반면에 기업경영활동의 공정성과 투명성을 평가하는 공정성 항목은 다음 기의 주가수익률과 정(+)의 관계를 보였다. 특히, 기업의 건전성 항목과 관련한 결과들은 통계적으로 5% 내에서 유의한 수준의 결과들이었다.

이러한 결과가 의미하는 것은, 투자지출과 자본조달에 있어서 건전한 기업일수록 다음 기 기업의 경제적 성과에 부정적인 영향을 미치고 투명하고 공정한 기업일수록 다음 기 기업의 경제적 성과에 긍정적인 영향을 미친다는 것이다.

다음으로 대기업들의 적극적인 사회복지 참여노력을 평가한 사회봉사 항목과 소비자보호 및 소비자 만족도를 평가한 소비자보호 항목은 다음 기 주가수익률과 정(+)의 관계를 가지는 것으로 나타났다. 특히, 소비자보호 항목의 결과는 통계적으로 매우 유의한 수준의 결과로써 기업이 이해 관계자를 비롯한 사회에 대한 책임을 충실히 수행할 때 수익성, 단기 상환능력, 그리고 부채 비율과 같은 재무적 성과에 있어서 더 좋은 성과를 얻을 수 있다는 것을 밝힌 Waddock and Graves(1997)의 연구와 같은 결과이며 본 연구논문의 가설이 지지되고 있음을 보여주는 결과이다.

하지만 기업의 환경개선노력과 환경개선의 결과, 그리고 환경관련 법률위반 및 오염실적 등을 평가하는 환경보호 항목과 종업원 복지향상 노력을 평가하는 종업원 항목은 다음 기 주가수익률과 부(−)의 관계를 가지는 것으로 나타났으며 이러한 결과들 중에서 환경보호 항목의 결과는 통계적으로 5% 내에서 유의한 수준의 결과였다. 이렇듯 기업의 사회적 책임과 관련된 항목들 간에 결과가 상이하게 나온다는 것은 같은 사회적 책임 관련 항목이라 할지라도 그 성격에 따라서 해당 기업의 경제적 성과에 미치는 영향은 달라질 수 있다는 것을 보여주는 결과라 할 수 있을 것이다.

또한 기업지배구조 관련 항목들의 점수를 합한 값과 사회적 책임 관련 항목들을 합한 값 모두는 다음 기 주가수익률에 부정적인 영향을 미치는 것으로 나타났다.

〈표 66〉 금기 사회적 성과 측정 세부항목과 다음 기 주가수익률간의 회귀분석 결과(12회)

	기업규모	항목별 점수	부채비율	Adj. R^2
건전성(1)	24.4698*** (5.48)	−8.7576** (−2.05)		0.1357
	25.3735*** (5.53)	−10.1716** (−2.21)	−0.1051 (−0.85)	0.1344
공정성(2)	21.5151*** (4.93)	13.3918 (1.01)		0.1205
	21.5770*** (4.89)	13.4898 (1.02)	−0.0135 (−0.12)	0.1157
사회봉사(3)	21.1729*** (4.64)	4.6786 (0.62)		0.1174
	21.2023*** (4.60)	4.6791 (0.62)	−0.0061 (−0.05)	0.1124
소비자보호(4)	28.5950*** (6.07)	63.9369*** (3.18)		0.1627
	28.4926*** (6.02)	64.8467*** (3.19)	0.0404 (0.35)	0.1586
환경보호(5)	25.3361*** (5.68)	−27.0246** (−2.57)		0.1469
	25.6280*** (5.65)	−27.5884** (−2.59)	−0.0460 (−0.40)	0.1429
종업원(6)	21.9880*** (5.05)	−1.2832 (−0.22)		0.1158
	22.0267*** (5.00)	−1.3164 (−0.23)	−0.0082 (−0.07)	0.1108
경제발전 기여도	23.2545*** (5.04)	−5.3059 (−0.78)		0.1185
	23.4489*** (4.97)	−5.6110 (−0.81)	−0.0256 (−0.21)	0.1138
(1)+(2)	24.1327*** (5.35)	−6.6300 (−1.62)		0.1283
	24.7672*** (5.34)	−7.4874* (−1.73)	−0.0748 (−0.61)	0.1253
(3)+(4)+(5) +(6)	22.1900*** (5.02)	−0.9375 (−0.20)		0.1157
	22.2475*** (4.96)	−0.9965 (−0.21)	−0.0098 (−0.08)	0.1108

*, **, ***은 각각 통계적으로 10%, 5%, 1% 내에서 유의하다는 것을 나타냄.

(13) 13회(2003년)

2003년, 경제정의지수는 경제정의기업상을 선정하기 위해 국내 제
조기업들을 대상으로 건전성, 공정성, 사회봉사, 소비자보호, 환경보
호, 종업원, 경제발전기여도 항목을 측정하여 평가하였다. 이들 세부
항목들과 다음 기의 경제적 성과 간의 관계를 분석한 결과는 다음과
같다.

① 자기자본이익률(ROE)

기업지배구조 관련 항목인 건전성과 공정성에 있어서의 결과를 살
펴보면 다음과 같다. 기업의 건전한 경영활동의 내용을 평가하기 위
한 건전성 항목은 다음 기의 자기자본이익률과 부(−)의 관계를 보
였고, 반면에 기업경영활동의 공정성과 투명성을 평가하는 공정성 항
목은 다음 기의 자기자본이익률과 정(+)의 관계를 보였다. 특히, 기
업의 건전성 항목과 관련한 결과들은 통계적으로 10%, 1% 내에서
유의한 수준의 결과들이었다.

이러한 결과가 의미하는 것은, 투자지출과 자본조달에 있어서 건
전한 기업일수록 다음 기 기업의 경제적 성과에 부정적인 영향을 미
치고 투명하고 공정한 기업일수록 다음 기 기업의 경제적 성과에 긍
정적인 영향을 미친다는 것이다.

다음으로 기업의 사회적 책임과 관련된 항목들을 살펴보면 다음과
같다. 종업원 복지향상 노력을 평가하는 종업원 항목은 다음 기 자
기자본이익률과 정(+)의 관계를 가지는 것으로 나타났으나 이러한
결과는 통계적으로 유의하지는 않았다.

〈표 67〉 금기 사회적 성과 측정 세부항목과 다음 기
자기자본이익률간의 회귀분석결과(13회)

	기업규모	항목별 점수	부채비율	Adj. R^2
건전성(1)	2.7117*** (7.00)	−0.7822* (−1.89)		0.1989
	2.8215*** (7.38)	−1.3205*** (−2.95)	−0.0300*** (−2.87)	0.2283
공정성(2)	2.3647*** (6.39)	0.6338 (0.79)		0.1865
	2.3234*** (6.30)	0.5793 (0.72)	−0.0168* (−1.73)	0.1950
사회봉사(3)	2.4613*** (6.78)	−0.4160 (−0.75)		0.1863
	2.4147*** (6.67)	−0.4365 (−0.79)	−0.0172* (−1.78)	0.1954
소비자보호(4)	2.3760*** (6.52)	−1.6943 (−1.01)		0.1882
	2.3284*** (6.41)	−1.6926 (−1.01)	−0.0171* (−1.76)	0.1971
환경보호(5)	2.7357*** (6.76)	−1.7135 (−1.63)		0.1952
	2.6537*** (6.53)	−1.4913 (−1.42)	−0.0152 (−1.56)	0.2012
종업원(6)	2.4238*** (6.73)	0.4794 (1.03)		0.1884
	2.3793*** (6.62)	0.4065 (0.87)	−0.0163* (−1.67)	0.1960
경제발전 기여도	2.8681*** (6.53)	−1.6952* (−1.72)		0.1964
	2.8054*** (6.39)	−1.6306* (−1.66)	−0.0165* (−1.70)	0.2044
(1)+(2)	2.6385*** (6.66)	−0.4495 (−1.26)		0.1906
	2.7299*** (6.95)	−0.7993** (−2.10)	−0.0253** (−2.44)	0.2112
(3)+(4)+(5) +(6)	2.4676*** (6.66)	−0.1593 (−0.46)		0.1847
	2.4249*** (6.57)	−0.1829 (−0.53)	−0.0173* (−1.78)	0.1939

*, **, ***은 각각 통계적으로 10%, 5%, 1% 내에서 유의하다는 것을 나타냄.

하지만 대기업들의 적극적인 사회복지 참여노력을 평가하는 사회봉사 항목과 소비자보호 및 소비자 만족도를 평가하는 소비자보호 항목, 그리고 기업의 환경개선노력과 환경개선의 결과를 평가하는 환경보호 항목들 모두는 다음 기 자기자본이익률과 부(-)의 관계를 가지는 것으로 나타났다. 또한 사회적 책임관련 항목인 사회봉사 항목, 소비자보호 항목, 환경보호 항목, 종업원 항목 점수 모두를 합한 사회적 책임 점수와 다음 기 자기자본이익률과의 관계도 부(-)의 관계가 있는 것으로 나타났다. 하지만 이들 결과들 모두 통계적으로 유의한 수준은 아니었다.

② 주가수익률

기업지배구조 관련 항목인 건전성과 공정성에 있어서는 기업의 건전한 경영활동의 내용을 평가하기 위한 건전성 항목은 다음 기의 주가수익률과 부(-)의 관계를 보였고, 반면에 기업경영활동의 공정성과 투명성을 평가하는 공정성 항목은 다음 기의 주가수익률과 정(+)의 관계를 보였다. 특히 기업의 건전성과 다음 기 주가수익률 간의 관계를 나타낸 결과들은 통계적으로 10% 내에서 유의한 수준의 결과였다. 하지만 이들 결과들 모두는 통계적으로 유의하지 않았다.

이러한 결과가 의미하는 것은, 투자지출과 자본조달에 있어서 건전한 기업일수록 다음 기 기업의 경제적 성과에 부정적인 영향을 미치고 투명하고 공정한 기업일수록 다음 기 기업의 경제적 성과에 긍정적인 영향을 미친다는 것이다.

또한 이들 항목들을 합한 점수는 다음 기 주가수익률과 부(-)의 관계를 가지는 것으로 나타났다.

〈표 68〉 금기 사회적 성과 측정 세부항목과 다음 기 주가수익률간의 회귀분석 결과(13회)

	기업규모	항목별 점수	부채비율	Adj. R^2
건전성(1)	6.6152*** (3.52)	-3.7921* (-1.89)		0.0528
	6.6895*** (3.53)	-4.1563* (-1.87)	-0.0203 (-0.39)	0.0486
공정성(2)	5.2161*** (2.90)	0.3382 (0.09)		0.0351
	5.2669*** (2.92)	0.4051 (0.10)	0.0206 (0.43)	0.0310
사회봉사(3)	4.9812*** (2.84)	3.6168 (1.35)		0.0442
	5.0401*** (2.86)	3.6427 (1.36)	0.0218 (0.46)	0.0402
소비자보호(4)	4.9995*** (2.83)	-7.8566 (-0.97)		0.0398
	5.0566*** (2.85)	-7.8586 (-0.96)	0.0205 (0.43)	0.0356
환경보호(5)	5.3288*** (2.70)	-0.4358 (-0.09)		0.0351
	5.4442*** (2.73)	-0.7482 (-0.14)	0.0214 (0.45)	0.0310
종업원(6)	5.2491*** (2.99)	0.1507 (0.07)		0.0351
	5.3063*** (3.01)	0.2444 (0.11)	0.0209 (0.44)	0.0310
경제발전 기여도	9.8051*** (4.73)	-17.6353*** (-3.80)		0.1032
	9.9087*** (4.76)	-17.7421*** (-3.81)	0.0272 (0.59)	0.1001
(1)+(2)	6.5117*** (3.40)	-2.7216 (-1.58)		0.0475
	6.5435*** (3.39)	-2.8432 (-1.52)	-0.0088 (-0.17)	0.0426
(3)+(4)+(5) +(6)	4.9850*** (2.78)	1.1354 (0.67)		0.0373
	5.0386*** (2.79)	1.1650 (0.68)	0.0217 (0.46)	0.0333

*, **, ***은 각각 통계적으로 10%, 5%, 1% 내에서 유의하다는 것을 나타냄.

다음으로 대기업들의 적극적인 사회복지 참여노력을 평가하는 사회봉사 항목과 종업원 복지향상 노력을 평가하는 종업원 항목은 다음 기 주가수익률과 정(+)의 관계를 가지는 것으로 나타났지만 통계적으로 유의하지는 않은 결과였다.

한편 소비자보호 및 소비자 만족도를 평가한 소비자보호 항목과 기업의 환경개선노력과 환경개선의 결과, 그리고 환경관련 법률위반 및 오염실적 등을 평가하는 환경보호 항목은 다음 기 주가수익률과 부(-)의 관계를 가지는 것으로 나타났으며 이러한 결과들 역시 통계적으로 유의하지는 않았다.

(14) 14회(2004년)

2004년도에 측정한 경제정의지수모형 내의 각 세부항목들과 다음 기의 경제적 성과 간의 관계를 분석한 결과는 다음과 같다.

① 자기자본이익률(ROE)

기업지배구조 관련 항목인 건전성과 공정성은 다음 기 자기자본이익률과 정(+)의 관계를 가지고 있는 것으로 나타났으나 통계적으로 유의한 수준의 결과 값은 아니었다. 즉, 투자지출과 자본조달에 있어서 건전한 기업일수록, 투명하고 공정한 기업일수록 다음 기 기업의 경제적 성과가 좋아지는 것으로 나타났다.

또한 이들 항목들의 점수를 합한 기업지배구조 점수 역시 다음 기 자기자본이익률과 정(+)의 관계를 가지는 것으로 나타났으나 통계적으로 유의하지는 않았다.

〈표 69〉 금기 사회적 성과 측정 세부항목과 다음 기 자기자본이익률간의 회귀분석결과(14회)

	기업규모	항목별 점수	부채비율	Adj. R^2
건전성(1)	2.0367*** (4.85)	0.1713 (0.44)		0.0987
	2.1367*** (4.90)	0.0190 (0.04)	−0.0095 (−0.85)	0.0976
공정성(2)	2.0541*** (4.87)	0.2105 (0.27)		0.0983
	2.1152*** (4.96)	0.1669 (0.22)	−0.0096 (−0.94)	0.0978
사회봉사(3)	2.1894*** (5.36)	−0.8414 (−1.24)		0.1041
	2.2803*** (5.49)	−1.0066 (−1.46)	−0.0127 (−1.23)	0.1060
소비자보호(4)	2.1034*** (5.22)	0.8923 (0.52)		0.0991
	2.1628*** (5.31)	1.0233 (0.60)	−0.0102 (−1.00)	0.0991
환경보호(5)	2.3425*** (4.74)	−0.7671 (−0.88)		0.1010
	2.3833*** (4.80)	−0.7317 (−0.84)	−0.0093 (−0.92)	0.1004
종업원(6)	1.8952*** (4.67)	1.2387** (2.34)		0.1191
	1.9486*** (4.75)	1.2281** (2.32)	−0.0092 (−0.91)	0.1185
경제발전 기여도	1.9659*** (3.93)	0.4850 (0.41)		0.0987
	2.0601*** (4.03)	0.3198 (0.27)	−0.0093 (−0.90)	0.0979
(1)+(2)	2.0138*** (4.67)	0.1596 (0.48)		0.0989
	2.1175*** (4.72)	0.0487 (0.14)	−0.0092 (−0.83)	0.0977
(3)+(4)+(5) +(6)	1.9465*** (4.26)	0.2416 (0.66)		0.0997
	2.0151*** (4.35)	0.2131 (0.58)	−0.0092 (−0.90)	0.0990

*, **, ***은 각각 통계적으로 10%, 5%, 1% 내에서 유의하다는 것을 나타냄.

다음으로 사회봉사 항목과 환경보호 항목은 다음 기 자기자본이익률과 부(-)의 관계를 가지는 것으로 나타났지만 통계적으로 유의하지는 않은 결과였다.

한편 소비자보호 및 소비자 만족도를 평가하는 소비자보호 항목과 종업원의 복지 향상을 위한 노력의 결과를 평가하는 종업원 항목은 다음 기 자기자본이익률과 정(+)의 관계를 가지는 것으로 나타났으며 특히 종업원 항목과 관련된 결과는 통계적으로 5% 내에서 유의한 결과였다. 즉, 소비자보호와 소비자의 만족도를 높이기 위한 기업의 활동과 사내 이해관계자 집단인 종업원의 복지 향상을 위한 기업의 활동은 다음 기 기업의 경제적 성과에 긍정적인 영향을 미친다는 것으로써 본 연구논문의 가설을 지지하는 결과라 할 수 있다.

또한 이들 항목들의 점수를 합한 기업의 사회적 책임 점수 역시 다음 기 자기자본이익률과 정(+)의 관계를 가지는 것으로 나타났으나 통계적으로 유의하지는 않았다.

② 주가수익률

기업지배구조 관련 항목인 건전성과 공정성은 다음 기의 주가수익률에 긍정적인 영향을 미치는 것으로 나타났다. 특히 기업규모 변수가 추가된 회귀분석 결과는 각각 통계적으로 5%, 10% 내에서 유의한 결과였다. 이러한 결과는 이전의 결과들과는 반대되는 것으로 투자지출과 자본조달에 있어서 건전한 기업일수록, 투명하고 공정한 기업일수록 다음 기 기업의 경제적 성과에 긍정적인 영향을 미친다는 것을 의미한다.

〈표 70〉 금기 사회적 성과 측정 세부항목과 다음 기
주가수익률간의 회귀분석 결과(14회)

	기업규모	항목별 점수	부채비율	Adj. R^2
건전성(1)	-2.9899 (-0.78)	-7.3930** (-2.07)		0.0185
	-7.5811** (-1.99)	-0.4071 (-0.11)	0.4362*** (4.46)	0.0936
공정성(2)	-3.0978 (-0.81)	-12.9754* (-1.86)		0.0150
	-5.8525 (-1.58)	-11.0113 (-1.65)	0.4318*** (4.87)	0.1044
사회봉사(3)	-3.3858 (-0.91)	-15.6539** (-2.55)		0.0278
	-6.3319* (-1.75)	-10.3023* (-1.72)	0.4103*** (4.55)	0.1052
소비자보호(4)	-5.4598 (-1.48)	-12.8996 (-0.83)		0.0031
	-8.0797** (-2.28)	-18.6777 (-1.26)	0.4492*** (5.05)	0.0999
환경보호(5)	3.1337 (0.71)	-25.3849*** (-3.23)		0.0440
	1.1460 (0.27)	-27.1074*** (-3.65)	0.4545*** (5.25)	0.1438
종업원(6)	-6.5689* (-1.75)	8.4147* (1.72)		0.0129
	-9.1478** (-2.54)	8.9243* (1.92)	0.4443*** (5.03)	0.1081
경제발전 기여도	5.4758 (1.23)	-42.2374*** (-4.05)		0.0674
	1.4836 (0.34)	-35.2341*** (-3.48)	0.3935*** (4.48)	0.1395
(1)+(2)	-1.6611 (-0.43)	-7.6079** (-2.55)		0.0278
	-6.3144 (-1.61)	-2.6367 (-0.85)	0.4101*** (4.28)	0.0965
(3)+(4)+(5) +(6)	-1.8641 (-0.45)	-5.7426* (-1.71)		0.0128
	-5.0709 (-1.26)	-4.4080 (-1.37)	0.4301*** (4.84)	0.1010

*, **, ***은 각각 통계적으로 10%, 5%, 1% 내에서 유의하다는 것을 나타냄.

다음으로 사회봉사 항목과 소비자보호 항목, 그리고 환경보호 항목은 다음 기의 주가수익률에 긍정적인 영향을 미치는 것으로 나타났다. 소비자보호 항목 관련 결과를 제외하고는 모두 통계적으로 유의한 수준의 결과였다.

한편 기존 연도의 결과들과 동일하게 종업원의 복지향상을 위한 노력의 결과를 평가하는 종업원 항목은 다음 기 주가수익률에 긍정적인 영향을 미치는 것으로 나타났으며 이들 결과들은 통계적으로 10% 내에서 유의한 값이었다.

또한 이들 항목들의 점수를 합한 기업의 사회적 책임 점수는 다음 기의 주가수익률과 부(-)의 관계를 가지는 것으로 나타났으며 이들 결과 역시 통계적으로 10% 내에서 유의한 값이었다.

그리고 기업규모는 다음 기의 주가수익률과 부(-)의 관계를 가지는 것으로 나타났으며 부채비율은 다음 기의 주가수익률과 정(+)의 관계를 가지는 것으로 나타났다. 즉 기업의 규모가 작을수록, 부채비율이 높을수록 다음 기의 주가수익률은 높아졌다.

(15) 15회(2005년)

2005년, 경제정의지수는 경제정의기업상을 선정하기 위해 국내 제조기업들을 대상으로 건전성, 공정성, 사회봉사, 소비자보호, 환경보호, 종업원, 경제발전기여도 항목을 측정하여 평가하였다. 이들 세부 항목들과 다음 기의 경제적 성과 간의 관계를 분석한 결과는 다음과 같다.

① 자기자본이익률(ROE)

기업지배구조 관련 항목인 건전성과 공정성에 있어서는 기업의 건전한 경영활동의 내용을 평가하기 위한 건전성 항목은 다음 기의 주가수익률과 부(-)의 관계를 보였고, 반면에 기업경영활동의 공정성과 투명성을 평가하는 공정성 항목은 다음 기의 주가수익률과 정(+)의 관계를 보였다. 하지만 이들 결과들 모두는 통계적으로 유의하지 않았다.

이러한 결과가 의미하는 것은, 투자지출과 자본조달에 있어서 건전한 기업일수록 다음 기 기업의 경제적 성과에 부정적인 영향을 미치고 투명하고 공정한 기업일수록 다음 기 기업의 경제적 성과에 긍정적인 영향을 미친다는 것이다.

다음으로 기업의 사회적 책임과 관련된 항목들을 살펴보면 다음과 같다. 종업원 복지향상 노력을 평가하는 종업원 항목은 다음 기 자기자본이익률과 정(+)의 관계를 가지는 것으로 나타났으나 이러한 결과는 통계적으로 유의하지는 않았다.

하지만 대기업들의 적극적인 사회복지 참여노력을 평가하는 사회봉사 항목과 소비자보호 및 소비자 만족도를 평가하는 소비자보호 항목, 그리고 기업의 환경개선노력과 환경개선의 결과를 평가하는 환경보호 항목들 모두는 다음 기 자기자본이익률과 부(-)의 관계를 가지는 것으로 나타났다. 또한 사회적 책임관련 항목인 사회봉사 항목, 소비자보호 항목, 환경보호 항목, 종업원 항목 점수 모두를 합한 사회적 책임 점수와 다음 기 자기자본이익률과의 관계도 부(-)의 관계가 있는 것으로 나타났다.

그리고 기업규모는 다음 기의 자기자본이익률과 정(+)의 관계를 가지는 것으로 나타났으며 부채비율은 다음 기의 자기자본이익률과 부(-)의 관계를 가지는 것으로 나타났다. 즉 기업의 규모가 클수록, 부채비율이 낮을수록 다음 기의 자기자본이익률은 높아진 것으로 나타났다.

〈표 71〉 금기 사회적 성과 측정 세부항목과 다음 기
자기자본이익률간의 회귀분석결과(15회)

	기업규모	항목별 점수	부채비율	Adj. R^2
건전성(1)	1.6379*** (4.47)	−0.1296 (−0.35)		0.0803
	1.7323*** (4.67)	−0.3956 (−0.97)	−0.0137 (−1.54)	0.0859
공정성(2)	1.5290*** (4.34)	0.5074 (0.80)		0.0824
	1.5342*** (4.36)	0.4772 (0.76)	−0.0098 (−1.21)	0.0843
사회봉사(3)	1.6346*** (4.56)	−0.2065 (−0.40)		0.0804
	1.6471*** (4.60)	−0.2613 (−0.51)	−0.0104 (−1.28)	0.0831
소비자보호(4)	1.5715*** (4.58)	−1.4054 (−1.03)		0.0841
	1.5739*** (4.59)	−1.3405 (−0.98)	−0.0097 (−1.20)	0.0859
환경보호(5)	2.0383*** (4.88)	−1.3494* (−1.84)		0.0936
	2.0197*** (4.83)	−1.2889* (−1.76)	−0.0090 (−1.11)	0.0946
종업원(6)	1.5825*** (4.60)	0.2545 (0.52)		0.0809
	1.5799*** (4.60)	0.3558 (0.72)	−0.0109 (−1.34)	0.0841
경제발전 기여도	1.4425*** (3.64)	0.6003 (0.76)		0.0821
	1.4727*** (3.71)	0.4850 (0.61)	−0.0094 (−1.15)	0.0835
(1)+(2)	1.5783*** (4.22)	0.0309 (0.10)		0.0798
	1.6575*** (4.38)	−0.1329 (−0.40)	−0.0113 (−1.30)	0.0826
(3)+(4)+(5) +(6)	1.7569*** (4.56)	−0.2942 (−0.94)		0.0834
	1.7405*** (4.52)	−0.2623 (−0.83)	−0.0094 (−1.16)	0.0848

*, **, ***은 각각 통계적으로 10%, 5%, 1% 내에서 유의하다는 것을 나타냄.

② 주가수익률

〈표 72〉 금기 사회적 성과 측정 세부항목과 다음 기
주가수익률간의 회귀분석 결과(15회)

	기업규모	항목별 점수	부채비율	Adj. R^2
건전성(1)	4.9649*** (3.62)	−2.0952 (−1.51)		0.0473
	5.2345*** (3.77)	−2.8554* (−1.87)	−0.0392 (−1.17)	0.0489
공정성(2)	3.9421*** (2.98)	2.3409 (0.99)		0.0417
	3.9482*** (2.98)	2.3056 (0.97)	−0.0114 (−0.37)	0.0380
사회봉사(3)	3.3808** (2.53)	4.2444** (2.23)		0.0585
	3.3893** (2.53)	4.2074** (2.20)	−0.0070 (−0.23)	0.0545
소비자보호(4)	4.2532*** (3.29)	1.0518 (0.20)		0.0377
	4.2564*** (3.28)	1.1376 (0.22)	−0.0129 (−0.42)	0.0341
환경보호(5)	5.1942*** (3.29)	−2.8991 (−1.05)		0.0422
	5.1728*** (3.27)	−2.8298 (−1.02)	−0.0103 (−0.34)	0.0384
종업원(6)	4.3312*** (3.36)	−2.2991 (−1.25)		0.0441
	4.3295*** (3.35)	−2.2344 (−1.19)	−0.0070 (−0.23)	0.0401
경제발전 기여도	5.7133*** (3.86)	−5.8904** (−1.99)		0.0543
	5.7791*** (3.89)	−6.1411** (−2.06)	−0.0205 (−0.67)	0.0520
(1)+(2)	4.6707*** (3.33)	−0.9157 (−0.78)		0.0401
	4.8463*** (3.41)	−1.2791 (−1.01)	−0.0251 (−0.76)	0.0383
(3)+(4)+(5)+(6)	4.1288*** (2.85)	0.1944 (0.16)		0.0376
	4.1061*** (2.82)	0.2387 (0.20)	−0.0131 (−0.43)	0.0341

*, **, ***은 각각 통계적으로 10%, 5%, 1% 내에서 유의하다는 것을 나타냄.

기업지배구조 관련 항목인 건전성과 기업의 사회적 책임관련 항목인 환경보호, 종업원, 경제발전 기여도 항목은 다음 기의 주가수익률과 부(−)의 관계가 있는 것으로 나타났으며, 이들 결과들 중에서 건전성 관련 결과는 통계적으로 10%, 경제발전기여도 관련 결과는 통계적으로 5% 내에서 유의한 결과였으며 종업원 관련 결과는 통계적으로 유의하지 않았다.

반면에 기업의 공정성 항목과 기업의 사회적 책임 관련 항목인 사회봉사, 소비자보호 항목은 다음 기의 주가수익률과 정(+)의 관계를 가지는 것으로 나타났으며 특히, 사회봉사와 관련된 결과는 통계적으로 5% 내에서 유의한 값이었다. 또한 사회봉사, 소비자보호, 환경보호, 종업원 항목의 점수를 합한 기업의 사회적 책임관련 성과는 다음 기의 주가수익률과 정(+)의 관계가 있는 것으로 나타났지만 통계적으로 유의한 수준의 결과는 아니었다.

그리고 기업규모는 다음 기의 자기자본이익률과 정(+)의 관계를 가지는 것으로 나타났으며 부채비율은 다음 기의 자기자본이익률과 부(−)의 관계를 가지는 것으로 나타났다. 즉 기업의 규모가 클수록, 부채비율이 낮을수록 다음 기의 자기자본이익률은 높아진 것으로 나타났다.

2. 금기의 경제적 성과가 다음 기의 사회적 성과에 미치는 영향 분석

세계적으로 기업의 사회적 책임활동에 대한 중요성이 강조되고 있는 가운데, 여전히 국내기업들은 미국이나 유럽, 일본과 같은 선진국

기업들에 비해 사회적 책임활동 수준이 미미한 것으로 평가받고 있다. 또한 외환위기 이후 국내기업들의 사회적 책임활동에 대한 비용이 대폭 삭감되면서 기업의 사회적 책임활동을 지속가능한 경영을 위한 전략으로 받아들이기보다 시혜적이고 단기적인 활동으로 인식하고 있다는 비판을 많이 받았다. 따라서 본 연구에서는 국내기업의 사회적 책임활동에 대한 인식이 어느 수준인가를 확인하기 위하여 t기의 경제적 성과를 독립변수로 하고 t+1기의 사회적 성과를 종속변수로 하는 다음과 같은 회귀분석을 실시하였다.

$$CSR_{i,t+1} = \alpha_i + \beta_{1i}\log(SIZE)_{i,t} + \beta_{2i}R_{i,t} + \beta_{3i}BR_{i,t} + \epsilon_i$$

여기서, 종속변수인 CSR_i는 기업 i의 다음 기의 경제정의지수 모형의 평가점수를 사용하며 독립변수는 해당 기업 i의 자기자본이익률 및 주가수익률을 사용한다. 이러한 기본 회귀모형에 기업의 규모를 나타내는 독립변수와 기업 i의 부채비율을 추가한 다중회귀분석을 실시하였다.

(1) 1회(1991년)

1991년, 경제정의지수는 경제정의기업상을 선정하기 위해 국내 제조기업들을 대상으로 건전성, 사회봉사, 경제발전의 세 가지 항목으로 기업의 사회적 성과를 측정하였다. 이번 기의 자기자본이익률과 주가수익률이 다음 기의 경제정의지수모형에 의해 측정된 기업의 사회적 성과에 어떠한 영향을 미쳤는지를 살펴보면 다음과 같다.

〈표 73〉 금기의 경제적 성과와 다음 기 사회적 성과간의
회귀분석 결과(1회)

	사회적 성과	기업규모	부채비율	Adj. R^2
ROE	0.0341 (0.89)			− 0.0020
	0.0308 (0.80)	0.3004 (1.01)		− 0.0017
	0.0345 (0.96)	0.1053 (0.37)	0.0096*** (3.98)	0.1278
주가수익률	0.0039 (0.13)			− 0.0097
	0.0047 (0.16)	0.3218 (1.09)		− 0.0080
	− 0.0039 (− 0.14)	0.1276 (0.45)	0.0096*** (3.94)	0.1197

*, **, ***은 각각 통계적으로 10%, 5%, 1% 내에서 유의하다는 것을 나타냄.

우선, 이번 기의 자기자본이익률과 다음 기의 사회적 성과 간에는 정(+)의 관계가 있는 것으로 나타났다. 즉, 이번 기의 높은 자기자본이익률을 기록한 기업은 다음 기에 사회적 성과가 높아졌음을 의미하는 것이다. 하지만 이러한 결과는 통계적으로 유의하지 않았다. 또한 기업규모와 부채비율을 추가한 회귀분석 결과에 있어서 이번 기의 자기자본이익률과 부채비율 사이에는 정(+)의 관계가 있는 것으로 나왔으며 이러한 결과는 통계적으로 매우 유의한 수준이었다.

다음으로 이번 기의 주가수익률과 다음 기의 사회적 성과 간에는 위에서의 자기자본이익률과 사회적 성과 간의 관계와 마찬가지로 정(+)의 관계가 있는 것으로 나타났다. 그러나 기업규모와 부채비율이 포함된 다중회귀분석의 결과에서는 두 변수 간의 관계가 부(−)의 관계가 있는 것으로 나타났다. 하지만 이러한 결과들 역시 통계적으로 유의하지 않았다.

(2) 2회(1992년)

1992년, 경제정의지수는 이전 연도에서와는 다르게 국내 제조기업들을 대상으로 공정성, 사회봉사, 환경보호, 종업원, 경제발전기여도 항목들을 이용하여 사회적 성과를 측정하였다. 이번 기의 경제적 성과와 위의 항목들을 이용하여 측정된 다음 기의 사회적 성과 간에 어떠한 관계가 있었는지를 살펴보면 다음과 같다.

우선, 이번 기의 자기자본이익률과 다음 기의 사회적 성과 간에는 부(-)의 관계가 있는 것으로 나타났으며 이러한 결과는 통계적으로 5% 내에서 유의한 수준의 결과였다. 즉, 이번 기의 높은 자기자본이익률을 기록한 기업은 다음 기에 사회적 성과가 오히려 낮아졌음을 의미하는 것으로 본 연구논문이 가설과 반대되는 결과라 할 수 있다. 또한 기업규모와 부채비율을 추가한 회귀분석 결과에 있어서 이번 기의 자기자본이익률과 기업규모 사이에는 정(+)의 관계가 있는 것으로 나왔으며 이러한 결과는 통계적으로 매우 유의한 수준이었다.

<표 74> 금기의 경제적 성과와 다음 기 사회적 성과간의
회귀분석 결과(2회)

	사회적 성과	기업규모	부채비율	Adj. R^2
ROE	−0.1820** (−2.59)			0.0456
	−0.0885 (−1.33)	1.7375*** (5.05)		0.2084
	−0.0870 (−1.30)	1.7170*** (4.86)	0.0008 (0.29)	0.2022
주가수익률	0.0121 (0.64)			−0.0050
	−0.0057 (−0.33)	1.8855*** (5.57)		0.1972
	−0.0068 (−0.39)	1.8543*** (5.34)	0.0012 (0.44)	0.1917

*, **, ***은 각각 통계적으로 10%, 5%, 1% 내에서 유의하다는 것을 나타냄.

다음으로 이번 기의 주가수익률과 다음 기의 사회적 성과 간에는
위에서의 자기자본이익률과 사회적 성과 간의 관계와 마찬가지로 부
(−)의 관계가 있는 것으로 나타났다. 그러나 두 변수간의 단순회귀
분석의 결과에서는 두 변수 간의 관계가 정(+)의 관계가 있는 것으
로 나타났다. 하지만 이러한 결과들은 통계적으로 유의하지 않음으
로써 두 변수 사이에는 아무런 관계가 없는 것으로 나타났다.

(3) 3회(1993년)

1993년부터 2000년까지 경제정의지수는 경제정의기업상을 선정하
기 위해 국내 제조기업들을 대상으로 건전성, 공정성, 사회봉사, 환
경보호, 고객만족, 종업원, 경제발전기여도 항목을 측정하여 평가하
였다. 이중에서 고객만족 기여도 항목에 대한 점수는 확보되지 않아

이를 제외한 나머지 6개 항목으로 측정된 점수를 이용해서 이번 기의 기업의 경제적 성과와 다음 기의 사회적 성과 간의 관계를 살펴보았고 이에 대한 결과는 다음과 같다.

〈표 75〉 금기의 경제적 성과와 다음 기 사회적 성과간의
회귀분석 결과(3회)

	사회적 성과	기업규모	부채비율	Adj. R^2
ROE	0.0879*** (2.91)			0.0377
	0.0818*** (2.93)	1.3998*** (5.76)		0.1770
	0.0747*** (2.69)	1.4463*** (6.00)	−0.0040** (−2.34)	0.1961
주가수익률	0.0092 (1.33)			0.0040
	0.0158** (2.45)	1.5265*** (6.16)		0.1660
	0.0137** (2.12)	1.5573*** (6.34)	−0.0040** (−2.31)	0.1847

*, **, ***은 각각 통계적으로 10%, 5%, 1% 내에서 유의하다는 것을 나타냄.

이번 기의 자기자본이익률과 주가수익률 모두 다음 기의 사회적 성과에 긍정적인 영향을 미치는 것으로 나타났으며 이러한 결과들 대부분 통계적으로 매우 유의한 수준의 결과였다. 즉, 이번 기에 높은 경제적 성과를 기록한 기업일수록 다음 기의 사회적 성과가 높았다는 것을 의미하는 것으로 이러한 결과는 이익을 많이 낸 기업일수록 사회적 책임활동에 더 많은 투자를 할 것이고, 이익을 적게 된 기업일수록 사회적 책임활동에 덜 투자할 것이라는 본 연구가설과 일치하는 결과라 할 수 있을 것이다.

이렇듯 경제적인 투자여력에 따라 사회적 책임활동이 영향을 받는다는 것은 경제적인 투자여력에 상관없이 사회적 책임활동을 꾸준히 수행하는 다른 선진국의 기업들과 달리 사회적 책임에 대한 인식이 높지 않다는 것을 의미하는 것이기도 하다.

또한 기업규모와 부채비율을 추가한 회귀분석 결과에 있어서 이번 기의 경제적 성과와 기업규모 사이에는 정(+)의 관계가 있는 것으로 나왔으며, 이번 기의 경제적 성과와 부채비율 사이에는 부(-)의 관계가 있는 것으로 나왔다. 또한 이러한 결과들 모두는 통계적으로 매우 유의한 수준이었다. 즉, 기업규모가 클수록, 부채비율이 낮을수록 기업의 경제적 성과는 높은 것으로 나타났다.

(4) 4회(1994년)

1994년도에 측정한 경제정의지수모형 내의 사회적 성과를 이용하여 이번 기의 경제적 성과와 다음 기의 사회적 성과 간의 관계를 분석한 결과는 다음과 같다.

우선, 이번 기의 자기자본이익률과 다음 기의 사회적 성과 간에는 부(-)의 관계가 있는 것으로 나타났으며 이러한 결과는 통계적으로 유의하지 않았다. 하지만 이와는 반대로 이번 기의 주가수익률과 다음 기의 사회적 성과 간에는 정(+)의 관계가 있는 것으로 나타났으며 이 또한 통계적으로 유의한 수준의 결과는 아니었다.

다음으로 기업규모와 부채비율을 추가한 회귀분석 결과에 있어서 이번 기의 경제적 성과와 기업규모 사이에는 정(+)의 관계가 있는 것으로 나왔으며, 이번 기의 경제적 성과와 부채비율 사이에는 부(-)의 관계가 있는 것으로 나왔다. 또한 이러한 결과들 모두는 통계적으로 매우 유의한 수준이었다.

〈표 76〉금기의 경제적 성과와 다음 기 사회적 성과간의
회귀분석 결과(4회)

	사회적 성과	기업규모	부채비율	Adj. R^2
ROE	-0.0217 (-0.87)			-0.0011
	-0.0208 (-0.84)	0.7348** (2.55)		0.0234
	-0.0186 (-0.78)	0.8552*** (3.05)	-0.0075*** (-4.05)	0.0878
주가수익률	0.0019 (0.29)			-0.0042
	0.0002 (0.03)	0.7372** (2.54)		0.0202
	0.0003 (0.05)	0.8572*** (3.04)	-0.0075*** (-4.06)	0.0853

*, **, ***은 각각 통계적으로 10%, 5%, 1% 내에서 유의하다는 것을 나타냄.

(5) 5회(1995년)

1994년도에 측정한 경제정의지수모형 내의 사회적 성과를 이용하여 이번 기의 경제적 성과와 다음 기의 사회적 성과 간의 관계를 분석한 결과는 다음과 같다.

이번 기의 자기자본이익률과 주가수익률 모두 다음 기의 사회적 성과 에 긍정적인 영향을 미치는 것으로 나타났으며 이러한 결과들 중에서 이번 기의 자기자본이익률과 다음 기의 사회적 성과 간의 관계에 대한 결과들은 모두 통계적으로 매우 유의한 수준의 결과였으나, 이번 기의 주식수익률과 다음 기의 사회적 성과 간의 관계에 대한 결과들은 통계적으로 유의하지 않았다. 이것은 이번 기에 높은 경제적 성과를 기록한 기업일수록 다음 기의 사회적 성과가 높았다는 것을 의미하는 것으로 3회(1993년)때의 결과와 마찬가지로 본 연

210

구가설과 일치하는 결과라 할 수 있다.

<표 77> 금기의 경제적 성과와 다음 기 사회적 성과간의
회귀분석 결과(5회)

	사회적 성과	기업규모	부채비율	Adj. R^2
ROE	0.0787*** (3.02)			0.0345
	0.0705*** (2.73)	0.6141*** (2.85)		0.0639
	0.0604** (2.53)	0.8019*** (3.99)	−0.0087*** (−6.36)	0.2035
주가수익률	0.0019 (0.51)			−0.0033
	0.0011 (0.31)	0.6750*** (3.09)		0.0333
	0.0048 (1.42)	0.8503*** (4.21)	−0.0092*** (−6.62)	0.1880

*, **, ***은 각각 통계적으로 10%, 5%, 1% 내에서 유의하다는 것을 나타냄.

또한 기업규모와 부채비율을 추가한 회귀분석 결과에 있어서 이번 기의 경제적 성과와 기업규모 사이에는 정(+)의 관계가 있는 것으로 나왔으며, 이번 기의 경제적 성과와 부채비율 사이에는 부(−)의 관계가 있는 것으로 나왔다. 또한 이러한 결과들 모두는 통계적으로 매우 유의한 수준이었다. 즉, 기업규모가 클수록, 부채비율이 낮을수록 기업의 경제적 성과는 높은 것으로 나타났다.

(6) 6회(1996년)

1996년, 경제정의지수는 경제정의기업상을 선정하기 위해 국내 제조기업들을 대상으로 건전성, 공정성, 사회봉사, 환경보호, 고객만족,

종업원, 경제발전기여도 항목을 측정하여 평가하였다. 이렇게 측정된 점수를 이용해서 이번 기의 기업의 경제적 성과와 다음 기의 사회적 성과 간의 관계를 살펴보면 다음과 같다.

〈표 78〉 금기의 경제적 성과와 다음 기 사회적 성과간의
회귀분석 결과(6회)

	사회적 성과	기업규모	부채비율	Adj. R^2
ROE	0.0159 (0.88)			-0.0009
	0.0083 (0.48)	0.9540*** (4.92)		0.0853
	-0.0050 (-0.28)	0.9967*** (5.20)	-0.0039*** (-2.97)	0.1135
주가수익률	0.0091 (0.87)			-0.0010
	-0.0052 (-0.51)	0.9909*** (4.92)		0.0854
	-0.0117 (-1.13)	1.0571*** (5.32)	-0.0041*** (-3.16)	0.1178

*, **, ***은 각각 통계적으로 10%, 5%, 1% 내에서 유의하다는 것을 나타냄.

우선, 이번 기의 자기자본이익률과 다음 기의 사회적 성과 간의 단순회귀분석 결과와 이에 기업규모를 추가한 회귀분석 결과에서는 부(-)의 관계가 있는 것으로 나타났으며 기업규모와 부채비율을 추가한 다중회귀분석에서는 이들의 관계에 정(+)의 관계가 있는 것으로 나타났다. 그러나 이러한 결과는 통계적으로 유의하지 않았다.

다음으로 이번 기의 주가수익률과 다음 기의 사회적 성과 간의 단순회귀분석 결과에서는 정(+)의 관계가 있는 것으로 나타났으며 기업규모와 부채비율을 추가한 다중회귀분석에서는 이들의 관계에

부(−)의 관계가 있는 것으로 나타났으며 이러한 결과들 모두는 통계적으로 유의하지 않았다.

또한 기업규모와 부채비율을 추가한 회귀분석 결과에 있어서 이번 기의 경제적 성과와 기업규모 사이에는 정(+)의 관계가 있는 것으로 나왔으며, 이번 기의 경제적 성과와 부채비율 사이에는 부(−)의 관계가 있는 것으로 나왔고 이들 결과들 모두는 통계적으로 매우 유의한 수준이었다.

(7) 7회(1997년)

1997년, 경제정의지수는 경제정의기업상을 선정하기 위해 국내 제조기업들을 대상으로 건전성, 공정성, 사회봉사, 환경보호, 고객만족, 종업원, 경제발전기여도 항목을 측정하여 평가하였고 이렇게 측정된 점수를 이용해서 이번 기의 기업의 경제적 성과와 다음 기의 사회적 성과 간의 관계를 살펴보면 다음과 같다.

이번 기의 자기자본이익률과 주가수익률 모두 다음 기의 사회적 성과 에 긍정적인 영향을 미치는 것으로 나타났으며 이러한 결과들 중에서 이번 기의 자기자본이익률과 다음 기의 사회적 성과 간의 관계에 대한 결과들 중에서 기업규모만을 추가한 다중회귀분석의 결과는 통계적으로 10% 내에서 유의한 수준의 결과였으나, 그 이외의 다른 결과들은 통계적으로 유의하지 않았다.

다음으로 기업규모와 부채비율을 추가한 회귀분석 결과에 있어서 이번 기의 경제적 성과와 기업규모 사이에는 정(+)의 관계가 있는 것으로 나왔으며, 이번 기의 경제적 성과와 부채비율 사이에는 부(−)의 관계가 있는 것으로 나왔고 이들 결과들 모두는 통계적으로 매우 유의한 수준이었다. 즉, 기업규모가 클수록, 부채비율이 낮을수록 기업의 경제적 성과는 높은 것으로 나타났다.

〈표 79〉 금기의 경제적 성과와 다음 기 사회적 성과간의
회귀분석 결과(7회)

	사회적 성과	기업규모	부채비율	Adj. R^2
ROE	0.0317 (1.40)			0.0037
	0.0383* (1.76)	0.9401*** (4.61)		0.0768
	0.0296 (1.34)	0.9838*** (4.84)	−0.0025** (−2.17)	0.0900
주가수익률	−0.0011 (−0.29)			−0.0036
	0.0008 (0.23)	0.9223*** (4.48)		0.0659
	0.0001 (0.03)	0.9719*** (4.74)	−0.0028** (−2.43)	0.0836

*, **, ***은 각각 통계적으로 10%, 5%, 1% 내에서 유의하다는 것을 나타냄.

(8) 8회(1998년)

1998년, 경제정의지수는 이전 연도와 마찬가지로 경제정의기업상을 선정하기 위해 국내 제조기업들을 대상으로 건전성, 공정성, 사회봉사, 환경보호, 고객만족, 종업원, 경제발전기여도 항목을 측정하여 평가하였고 이렇게 측정된 점수를 이용해서 이번 기의 기업의 경제적 성과와 다음 기의 사회적 성과 간의 관계를 살펴보았다. 이번 결과의 경우 이전 연도인 1997년, 외환위기로 인해 국내 기업들의 경제적 성과가 전반적으로 낮았었기 때문에 이러한 가운데 다음 기의 사회적 성과에 어떠한 영향을 미쳤는지 주목된다.

〈표 80〉 금기의 경제적 성과와 다음 기 사회적 성과간의 회귀분석 결과(8회)

	사회적 성과	기업규모	부채비율	Adj. R^2
ROE	0.0745*** (5.47)			0.1066
	0.0625*** (4.59)	0.8660*** (3.84)		0.1550
	0.0633*** (4.11)	0.8654*** (3.83)	0.0001 (0.11)	0.1515
주가수익률	0.0080 (1.42)			0.0042
	−0.0022 (−0.37)	1.1369*** (4.61)		0.0813
	−0.0045 (−0.76)	1.1335*** (4.62)	−0.0022** (−2.06)	0.0936

*, **, ***은 각각 통계적으로 10%, 5%, 1% 내에서 유의하다는 것을 나타냄.

우선, 이번 기의 자기자본이익률과 다음 기의 사회적 성과 간에는 정(+)의 관계가 있는 것으로 나타났으며 이러한 결과들 모두는 통계적으로 1% 내에서 유의한 수준이었다. 즉, 이번 기의 경제적 성과가 높은 기업은 다음 기의 사회적 성과가 높았다는 것이고 이번 기의 경제적 성과가 낮은 기업은 다음 기의 사회적 성과가 낮았다는 것이다.

따라서 국내 기업의 경우 이번 기의 사회적 성과에 있어서 이전 기간에서의 경제적 성과가 상당히 중요한 영향을 미치고 있다는 것으로 앞서 언급했던 것과 같이 국내 기업의 사회적 책임활동이 시혜적이고 단기적인 성격이 강하고 사회적 책임에 대한 인식수준이 선진국의 기업들에 비해 떨어지고 있다는 것을 의미한다.

다음으로 이번 기의 주가수익률과 다음 기의 사회적 성과 간의 단순회귀분석 결과에서는 정(+)의 관계가 있는 것으로 나타났으며 기업규모와 부채비율을 추가한 다중회귀분석에서는 이들의 관계에 부(−)의 관계가 있는 것으로 나타났으며 이러한 결과들 모두는 통계적으로 유의하지 않았다.

또한 기업규모와 부채비율을 추가한 회귀분석 결과에 있어서 이번 기의 경제적 성과와 기업규모 사이에는 정(+)의 관계가 있는 것으로 나왔으며, 이번 기의 경제적 성과와 부채비율 사이에는 부(−)의 관계가 있는 것으로 나왔고 이들 결과들 대부분은 통계적으로 매우 유의한 수준이었다.

(9) 9회(1999년)

1999년, 경제정의지수는 경제정의기업상을 선정하기 위해 국내 제조기업들을 대상으로 건전성, 공정성, 사회봉사, 환경보호, 고객만족, 종업원, 경제발전기여도 항목을 측정하여 평가하였고 이렇게 측정된 점수를 이용해서 이번 기의 기업의 경제적 성과와 다음 기의 사회적 성과 간의 관계를 살펴보면 다음과 같다.

이번 기의 자기자본이익률과 다음 기의 사회적 성과 간에는 정(+)의 관계가 있는 것으로 나타났으며 이러한 결과들 모두는 통계적으로 1%, 5% 내에서 유의한 수준이었다. 즉, 이번 기의 경제적 성과가 높은 기업은 다음 기의 사회적 성과가 높았다는 것이고 이번 기의 경제적 성과가 낮은 기업은 다음 기의 사회적 성과가 낮았다는 것으로써 이전 연도에서의 결과와 동일하다.

하지만 이와는 반대로 이번 기의 주가수익률과 다음 기의 사회적 성과 간에는 부(−)의 관계가 있는 것으로 나타났으며 이러한 결과들 모두는 통계적으로 유의하지 않았다.

〈표 81〉 금기의 경제적 성과와 다음 기 사회적 성과간의
회귀분석 결과(9회)

	사회적 성과	기업규모	부채비율	Adj. R^2
ROE	0.0346*** (2.89)			0.0327
	0.0315** (2.58)	0.2706 (1.28)		0.0355
	0.0286** (2.14)	0.2729 (1.29)	−0.0012 (−0.54)	0.0324
주가수익률	−0.0037 (−0.89)			−0.0009
	−0.0058 (−1.38)	0.4493** (2.08)		0.0143
	−0.0049 (−1.15)	0.4208* (1.94)	−0.0027 (−1.32)	0.0177

*, **, ***은 각각 통계적으로 10%, 5%, 1% 내에서 유의하다는 것을 나타냄.

또한 기업규모와 부채비율을 추가한 회귀분석 결과에 있어서 이번 기의 경제적 성과와 기업규모 사이에는 정(+)의 관계가, 이번 기의 경제적 성과와 부채비율 사이에는 부(−)의 관계가 있는 것으로 나타났다.

(10) 10회(2000년)

2000년, 경제정의지수는 경제정의기업상을 선정하기 위해 국내 제조기업들을 대상으로 건전성, 공정성, 사회봉사, 환경보호, 고객만족, 종업원, 경제발전기여도 항목을 측정하여 평가하였고 이렇게 측정된 점수를 이용해서 이번 기의 기업의 경제적 성과와 다음 기의 사회적 성과 간의 관계를 살펴보면 다음과 같다.

〈표 82〉 금기의 경제적 성과와 다음 기 사회적 성과간의 회귀분석 결과(10회)

	사회적 성과	기업규모	부채비율	Adj. R^2
ROE	0.0455 (1.54)			0.0084
	0.0446 (1.49)	0.0450 (0.25)		0.0026
	0.0242 (0.85)	0.0757 (0.44)	-0.0184*** (-4.43)	0.1066
주가수익률	0.0006 (0.43)			-0.0051
	0.0005 (0.28)	0.0567 (0.29)		-0.0108
	0.0018 (1.12)	0.0140 (0.08)	-0.0198*** (-4.76)	0.1096

*, **, ***은 각각 통계적으로 10%, 5%, 1% 내에서 유의하다는 것을 나타냄.

이번 기의 자기자본이익률과 주가수익률 모두 다음 기의 사회적 성과 와 정(+)의 관계가 있는 것으로 나타났으나 이들 결과들 모두 통계적으로 유의하지 않았다.

그리고 기업규모와 부채비율을 추가한 회귀분석 결과에 있어서 이번 기의 경제적 성과와 기업규모 사이에는 정(+)의 관계가, 이번 기의 경제적 성과와 부채비율 사이에는 부(-)의 관계가 있는 것으로 나타났으며 이들 결과들 중에서 부채비율과 관련된 결과들 모두는 통계적으로 매우 유의하였다.

(11) 11회(2001년)

2001년부터 2006년까지 경제정의지수는 경제정의기업상을 선정하기 위해 국내 제조기업들을 대상으로 건전성, 공정성, 사회봉사, 소비자보호, 환경보호, 종업원, 경제발전기여도 항목을 측정하여 평가하였고 이렇게 측정된 점수를 이용해서 이번 기의 기업의 경제적 성과와 다음 기의 사회적 성과 간의 관계를 살펴보면 다음과 같다.

〈표 83〉 금기의 경제적 성과와 다음 기 사회적 성과간의 회귀분석 결과(11회)

	사회적 성과	기업규모	부채비율	Adj. R^2
ROE	0.1624*** (8.01)			0.2364
	0.1522*** (7.91)	0.5954*** (5.05)		0.3188
	0.1197*** (6.71)	0.6305*** (5.97)	−0.0132*** (−7.12)	0.4533
주가수익률	0.0139*** (3.18)			0.0427
	0.0178*** (4.34)	0.7813*** (6.02)		0.1842
	0.0143*** (3.97)	0.7806*** (6.89)	−0.0155*** (−8.04)	0.3797

*, **, ***은 각각 통계적으로 10%, 5%, 1% 내에서 유의하다는 것을 나타냄.

이번 기의 자기자본이익률과 주가수익률 모두 다음 기의 사회적 성과 와 정(+)의 관계가 있는 것으로 나타났으며 이러한 결과들 모두는 통계적으로 1% 내에서 유의한 수준이었다. 즉, 이번 기의 경제적 성과가 높은 기업은 다음 기의 사회적 성과가 높았다는 것이고 이번 기의 경제적 성과가 낮은 기업은 다음 기의 사회적 성과가 낮았다는 것으로써 본 연구가설이 지지되고 있음을 나타낸다.

다음으로 기업규모와 부채비율을 추가한 회귀분석 결과에 있어서 이번 기의 경제적 성과와 기업규모 사이에는 정(+)의 관계가 있는 것

으로 나왔으며, 이번 기의 경제적 성과와 부채비율 사이에는 부(−)
의 관계가 있는 것으로 나왔고 이들 결과들 모두는 통계적으로 매우
유의한 수준이었다. 즉, 기업규모가 클수록, 부채비율이 낮을수록 기
업의 경제적 성과는 높은 것으로 나타났다.

(12) 12회(2002년)

2002년, 경제정의지수는 경제정의기업상을 선정하기 위해 국내 제
조기업들을 대상으로 건전성, 공정성, 사회봉사, 소비자보호, 환경보
호, 종업원, 경제발전기여도 항목을 측정하여 평가하였고 이렇게 측
정된 점수를 이용해서 이번 기의 기업의 경제적 성과와 다음 기의
사회적 성과 간의 관계를 살펴보면 다음과 같다.

이전 연도와 마찬가지로 이번 기의 자기자본이익률과 주가수익률
모두 다음 기의 사회적 성과 와 정(+)의 관계가 있는 것으로 나타
났으며 이러한 결과들 대부분은 통계적으로 유의한 수준이었다. 이
것은 이익을 많이 낸 기업일수록 사회적 책임활동에 더 많은 투자를
할 것이고, 이익을 적게 된 기업일수록 사회적 책임활동에 덜 투자
할 것이라는 본 연구가설과 동일한 연구결과이다.

다음으로 기업규모와 부채비율을 추가한 회귀분석 결과에 있어서
이번 기의 경제적 성과와 기업규모 사이에는 정(+)의 관계가 있는 것
으로 나왔으며, 이번 기의 경제적 성과와 부채비율 사이에는 부(−)
의 관계가 있는 것으로 나왔고 이들 결과들 모두는 통계적으로 매우
유의한 수준이었다.

〈표 84〉 금기의 경제적 성과와 다음 기 사회적 성과간의
회귀분석 결과(12회)

	사회적 성과	기업규모	부채비율	Adj. R^2
ROE	0.0886*** (4.23)			0.0881
	0.0883*** (4.71)	0.9579*** (6.62)		0.2683
	0.0722*** (3.83)	0.9544*** (6.78)	−0.0081*** (−3.28)	0.3075
주가수익률	0.0086*** (2.67)			0.0338
	0.0039 (1.27)	0.9056*** (5.71)		0.1821
	0.0053* (1.82)	0.8804*** (5.84)	−0.0110*** (−4.46)	0.2628

*, **, ***은 각각 통계적으로 10%, 5%, 1% 내에서 유의하다는 것을 나타냄.

(13) 13회(2003년)

2003년, 이번 기의 기업의 경제적 성과와 다음 기의 사회적 성과 간의 관계를 살펴보면 다음과 같다.

우선, 이번 기의 자기자본이익률과 다음 기의 사회적 성과 간에는 정(+)의 관계가 있는 것으로 나타났으며 이러한 결과들 모두는 통계적으로 1%, 5% 내에서 유의한 수준이었다. 이러한 결과는 이전의 2001년과 2002년 결과와 동일한 결과이다.

이를 통해서 알 수 있는 것은 국내 기업의 경우 이번 기의 사회적 성과에 있어서 이전 기간에서의 경제적 성과가 상당히 중요한 영향을 미치고 있다는 것으로써 여전히 국내 기업의 사회적 책임활동이 시혜적이고 단기적인 성격이 강하고 사회적 책임에 대한 인식수준이 선진국의 기업들에 비해 떨어지고 있다는 것이다.

〈표 85〉 금기의 경제적 성과와 다음 기 사회적 성과간의 회귀분석 결과(13회)

	사회적 성과	기업규모	부채비율	Adj. R^2
ROE	0.0720*** (3.25)			0.0473
	0.0470** (2.45)	1.0770*** (8.43)		0.3030
	0.0487** (2.59)	1.0429*** (8.30)	−0.0044*** (−3.00)	0.3312
주가수익률	0.0118 (1.48)			0.0061
	−0.0050 (−0.70)	1.1511*** (8.64)		0.2829
	−0.0067 (−0.96)	1.1275*** (8.62)	−0.0045*** (−2.96)	0.3109

*, **, ***은 각각 통계적으로 10%, 5%, 1% 내에서 유의하다는 것을 나타냄.

다음으로 이번 기의 주가수익률과 다음 기의 사회적 성과 간의 단순회귀분석 결과에서는 정(+)의 관계가 있는 것으로 나타났으며 기업규모와 부채비율을 추가한 다중회귀분석에서는 이들의 관계에 부(−)의 관계가 있는 것으로 나타났으며 이러한 결과들 모두는 통계적으로 유의하지 않았다.

또한 기업규모와 부채비율을 추가한 회귀분석 결과에 있어서 이번 기의 경제적 성과와 기업규모 사이에는 정(+)의 관계가 있는 것으로 나왔으며, 이번 기의 경제적 성과와 부채비율 사이에는 부(−)의 관계가 있는 것으로 나왔고 이들 결과들 대부분은 통계적으로 매우 유의한 수준이었다.

(14) 14회(2004년)

2004년, 이번 기의 기업의 경제적 성과와 다음 기의 사회적 성과 간의 관계를 살펴보면 다음과 같다.

〈표 86〉 금기의 경제적 성과와 다음 기 사회적 성과간의
회귀분석 결과(14회)

	사회적 성과	기업규모	부채비율	Adj. R^2
ROE	0.1423*** (5.28)			0.1055
	0.0496** (2.15)	1.2707*** (11.31)		0.4263
	0.0459** (2.08)	1.2998*** (12.12)	−0.0109*** (−4.86)	0.4785
주가수익률	0.0068*** (2.78)			0.0288
	−0.0034* (−1.66)	1.4327*** (12.46)		0.4216
	−0.0037* (−1.87)	1.4615*** (13.34)	−0.0112*** (−4.98)	0.4767

*, **, ***은 각각 통계적으로 10%, 5%, 1% 내에서 유의하다는 것을 나타냄.

우선, 이번 기의 자기자본이익률과 다음 기의 사회적 성과 간에는 정(+)의 관계가 있는 것으로 나타났으며 이러한 결과들 모두는 통계적으로 1%, 5% 내에서 유의한 수준이었다. 이러한 결과는 이전의 2001년부터의 결과와 동일한 결과로 이전 연도에 투자가치가 높은 기업일수록 사회적 책임활동을 활발히 수행한다는 것을 의미하는 것이다.

다음으로 이번 기의 주가수익률과 다음 기의 사회적 성과 간의 단순회귀분석 결과에서는 정(+)의 관계가 있는 것으로 나타났으며

기업규모와 부채비율을 추가한 다중회귀분석에서는 이들의 관계에 부(−)의 관계가 있는 것으로 나타났다. 이러한 결과들은 모두 통계적으로 유의한 수준의 결과들이었다.

(15) 15회(2005년)

2005년, 경제정의지수는 경제정의기업상을 선정하기 위해 국내 제조기업들을 대상으로 건전성, 공정성, 사회봉사, 환경보호, 고객만족, 종업원, 경제발전기여도 항목을 측정하여 평가하였고 이렇게 측정된 점수를 이용해서 이번 기의 기업의 경제적 성과와 다음 기의 사회적 성과 간의 관계를 살펴보면 다음과 같다.

이번 기의 자기자본이익률과 주가수익률, 그리고 다음 기의 사회적 성과 간의 단순회귀분석에서의 결과는 정(+)의 관계가 있는 것으로 나타났으며 특히, 자기자본이익률과 사회적 성과간의 결과는 통계적으로 1% 내에서 유의한 값이었다. 하지만, 기업규모와 부채비율 변수가 추가된 이번 기의 이들 경제적 성과와 다음 기의 사회적 성과간의 관계에서는 두 변수 사이에 부(−)의 관계가 있는 것으로 나타났으며 특히 기업규모 변수가 추가된 이번 기의 주가수익률과 다음 기의 사회적 성과간의 회귀분석에서의 결과는 통계적으로 10% 내에서 유의한 결과였다.

〈표 87〉 금기의 경제적 성과와 다음 기 사회적 성과간의
회귀분석 결과(15회)

	사회적 성과	기업규모	부채비율	Adj. R^2
ROE	0.0741*** (3.43)			0.0456
	-0.0109 (-0.58)	1.2886*** (11.39)		0.3928
	-0.0228 (-1.21)	1.3018*** (11.73)	-0.0073*** (-3.21)	0.4170
주가수익률	0.0052 (1.15)			0.0014
	-0.0067* (-1.86)	1.3157*** (12.29)		0.4011
	-0.0058 (-1.62)	1.2947*** (12.26)	-0.0065*** (-2.88)	0.4200

*, **, ***은 각각 통계적으로 10%, 5%, 1% 내에서 유의하다는 것을 나타냄.

또한 기업규모와 부채비율을 추가한 회귀분석 결과에 있어서 이번 기의 경제적 성과와 기업규모 사이에는 정(+)의 관계가 있는 것으로 나왔으며, 이번 기의 경제적 성과와 부채비율 사이에는 부(-)의 관계가 있는 것으로 나왔고 이들 결과들 모두는 통계적으로 매우 유의한 수준이었다.

(16) 16회(2006년)

2006년, 경제정의지수는 경제정의기업상을 선정하기 위해 국내 제조기업들을 대상으로 건전성, 공정성, 사회봉사, 환경보호, 고객만족, 종업원, 경제발전기여도 항목을 측정하여 평가하였고 이렇게 측정된 점수를 이용해서 이번 기의 기업의 경제적 성과와 다음 기의 사회적 성과 간의 관계를 살펴보면 다음과 같다.

〈표 88〉 금기의 경제적 성과와 다음 기 사회적 성과간의 회귀분석 결과(16회)

	사회적 성과	기업규모	부채비율	Adj. R^2
ROE	0.0561** (2.06)			0.0164
	−0.0186 (−0.76)	1.2826*** (9.01)		0.3027
	−0.0121 (−0.50)	1.3012*** (9.31)	−0.0093*** (−3.00)	0.3303
주가수익률	−0.0087*** (−3.44)			0.0523
	−0.0052** (−2.37)	1.1872*** (8.83)		0.3204
	−0.0032 (−1.37)	1.2361*** (9.19)	−0.0078** (−2.36)	0.3360

*, **, ***은 각각 통계적으로 10%, 5%, 1% 내에서 유의하다는 것을 나타냄.

우선, 이번 기의 주가수익률과 다음 기의 사회적 성과 간에는 부 (−)의 관계가 있는 것으로 나타났으며 이러한 결과는 대체로 통계적으로 1%, 5% 내에서 유의한 수준의 결과였다. 즉, 이번 기의 높은 주가수익률을 기록한 기업은 다음 기에 사회적 성과가 오히려 낮아졌음을 의미하는 것으로 본 연구논문이 가설과 반대되는 결과라 할 수 있다.

마찬가지로 이번 기의 자기자본이익률과 다음 기의 사회적 성과 간에는 부(−)의 관계가 있는 것으로 나타났지만 이러한 결과는 통계적으로 유의하지 않았다. 그러나 이번 기의 자기자본익률과 다음 기의 사회적 성과간의 단순회귀분석에서는 두 변수사이에 정(+)의 관계가 있는 것으로 나왔으며 이러한 결과는 통계적으로 매우 유의한 수준이었다.

다음으로 기존의 결과들과 동일하게 기업규모와 부채비율을 추가한 회귀분석 결과에 있어서 이번 기의 경제적 성과와 기업규모 사이에는 정(+)의 관계가 있는 것으로 나왔으며, 이번 기의 경제적 성과와 부채비율 사이에는 부(−)의 관계가 있는 것으로 나왔고 이들 결과들 모두는 통계적으로 매우 유의한 수준이었다. 즉, 기업규모가 클수록, 부채비율이 낮을수록 기업의 경제적 성과는 높은 것으로 나타났다.

3. 역대 대상 수상기업들의 향후 사회적 성과 추이 분석

경제정의연구소에서는 매년 경제정의지수를 통해 국내기업들의 사회적 성과를 평가한 후 경제정의기업상을 시상하고 있다. 다음은 역대 경제정의기업상 대상을 수상한 기업들이다.

▷ 1회: 한국유리공업
▷ 2회: 삼성전자
▷ 3회, 14회: POSCO
▷ 4회: 제일엔지니어링
▷ 5회, 9회: 대덕전자
▷ 6회: 한일시멘트
▷ 7회: 유한양행
▷ 8회: 한미약품공업
▷ 10회: 퍼시스

▷ 11회: 태평양

▷ 12회: 삼성SDI

▷ 13회: 대덕GDS

▷ 15회: 수상기업 없음

▷ 16회: 제일모직

경제정의지수 평가모형에 의해 높은 점수를 받아 경제정의기업상을 수상한 기업들의 향후 사회적 성과는 어떠할까? 경제정의기업상을 수상한 이후 얼마나 지속적으로 높은 사회적 성과를 유지할 것인가? 이에 대한 해답을 찾기 위해서 역대 경제정의기업상을 수상한 기업들을 대상으로 수상 이후 경제정의지수 평가모형에 의한 사회적 성과 수준을 분석해보았다.

(1) 삼성전자

삼성전자의 경우 다소 등락을 반복하기는 하였지만 경제정의기업상을 수상한 이후 비교적 높은 수준의 사회적 성과수준을 기록한 것으로 나타났다. 더욱이 최근에 들어 삼성전자의 사회적 성과수준은 매회 200여 개의 조사기업 들 중에서 상위 5% 내에 들 정도로 높은 사회적 성과수준을 기록하고 있었다.

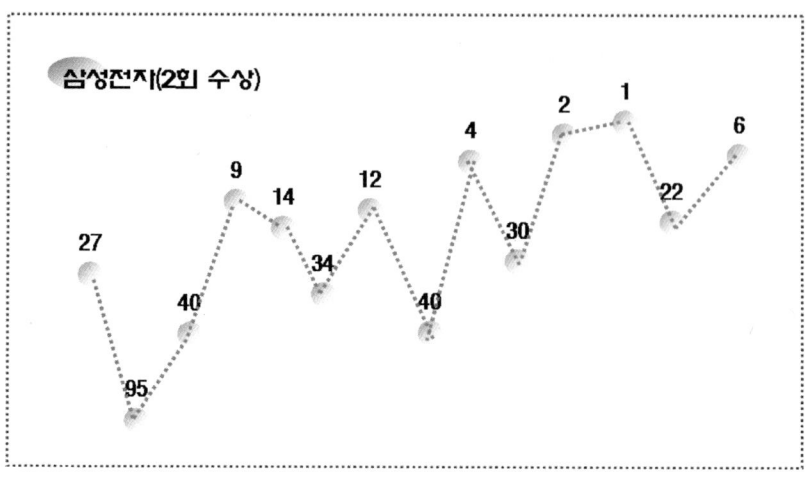

(2) 포스코(POSCO)

포스코의 경우 경제정의기업상을 수상한 이후 7년째에 52위를 기록한 것을 제외하고는 삼성전자와 마찬가지로 비교적 높은 수준의 사회적 성과수준을 기록한 것으로 나타났다.

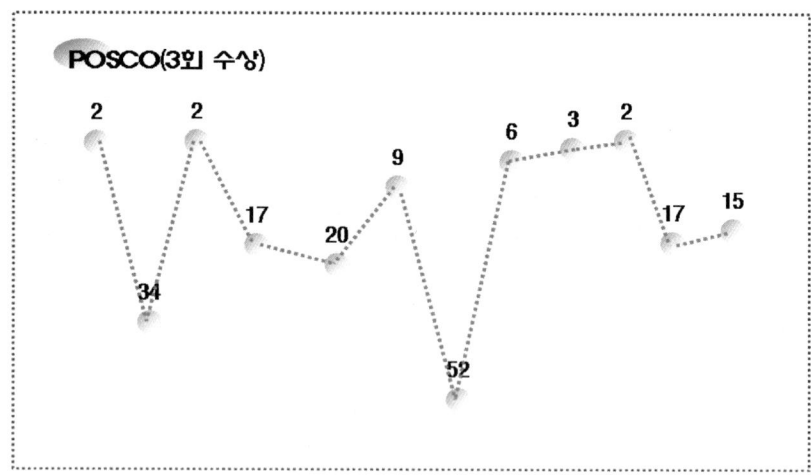

이상과 같이 역대 경제정의기업상을 수상한 기업들의 수상 이후 사회적 성과수준을 살펴보았을 때, 비교적 다른 기업들에 비해 높은 수준의 사회적 성과를 지속적으로 유지한 것으로 밝혀졌고, 경제정의기업상을 수상한 이후, 상위 20% 내의 사회적 성과수준을 유지한 평균적인 기간은 4.4년이었음이 밝혀졌다. 특히 1998년 한미약품 이후의 모든 경제정의기업상 수상기업들은 수상 이후 상위 20% 내의 사회적 성과수준을 기록하고 있었다.

제8장

요약 및 결론

기업을 둘러싼 대외적인 환경의 변화에 따라 사회나 국가가 기업에게 요구하는 수준이 변화하고 있다. 과거 자유방임시대에서는 가급적 기업에 대한 통제는 불필요한 것으로 인식하고 기업 스스로 양질의 재화를 많이 생산하는 것이 사회와 국가의 발전에 기여한다고 생각하였다. 그러나 최근에는 양질의 재화 생산뿐만 아니라 환경보호, 윤리적이고 합법적인 경영활동 수행 등을 기업에게 요구할 뿐만 아니라 기업이 축적한 부를 사회에 다시 환원하기를 사회나 국가가 원하는 등 점차 기업에게 요구하는 수준이 높아지고 있다. 사회나 국가가 기업에게 요구하는 수준이 이처럼 높아진 이유로는 그만큼 기업이 사회나 국가에서 차지하는 역할이 더욱 중요해졌기 때문이다. 즉, 이제 사회나 국가는 기업에게 경제적 기능 이외에도 사회구성원으로서의 역할도 요구하고 있는 것이다. 이외의 또 다른 이유 중의 하나는 그동안 기업의 비윤리적이고 불법적인 경영활동에 의한 여러 가지 부작용(예를 들면 사회의 양극화 심화)으로 인한 기업의 이미지 악화 때문이라 할 수 있을 것이다.

　이에 따라 많은 학자들은 기업들의 이러한 행태가 기업의 본원적인 목적인 이윤 극대화에 어떠한 영향을 미치는 지에 대한 연구를 진행해 왔으며, 이 중 대표적인 연구 영역에 해당하는 것이 사회적

234

책임과 경제적 성과와 관련된 주제일 것이다.

이와 관련된 여러 기존문헌들의 결과들을 살펴보면 높은 사회적 성과가 기업의 가치를 상승시킨다고 주장하는 문헌들이 대다수를 차지하고 있다. 즉, 높은 사회적 성과를 보이는 기업들은 대부분 높은 이윤을 창출하고 있으며 반면에 높은 사회적 성과를 보이면서도 낮은 이윤을 얻는 기업은 거의 존재하지 않는다는 것이다.

물론 기업의 높은 사회적 성과가 기업의 경제적 성과에 부(-)의 영향을 미친다는 주장을 발표한 논문이 몇몇 있기는 하지만 여전히 기업의 사회적 성과가 기업의 경제적 성과에 정(+)의 영향을 미친다는 논리를 뒷받침하는 여러 실증분석들이 많이 발표되어왔다. 하지만, 이러한 기존문헌들에서의 실증분석의 특성을 살펴보면 다음과 같다. 우선, 실증분석한 시기가 특정 연도를 기준으로 하였거나 또는 단기였었다는 것이다. 둘째로, 기존문헌들의 주제가 기업의 사회적 성과에 초점을 둔 것이 아닌 마케팅과 같은 다른 주제들이었고 따라서 이들 연구들에서의 실증분석들은 해당 주제에 초점을 둔 실증분석이라는 것이다. 마지막으로 기업의 사회적 성과를 측정하는 항목이 일부 항목으로 제한적이었다는 것이다.

따라서 본 연구는 1991년부터 2006년까지 모두 16회에 걸쳐 국내의 증권거래소에 상장된 기업들을 대상으로 사회적 성과를 종합적으로 평가한 경제정의지수를 사용하여 사회적 성과와 해당 기업의 경제적 성과와의 관계에 대한 실증분석을 실시하였다.

또한 이에 앞서 연구의 주제인 기업의 사회적 책임활동과 실증분석의 자료가 되는 경제정의지수에 대한 설명을 통해서 기업의 사회적 책임에 대한 이해와 경제정의지수에 대한 평가를 설명하였다.

그리고 높은 사회적 성과가 기업의 가치를 상승시킨다는 것을 기본 명제로 하여 국내의 사회적 성과의 종합적인 평가모형인 경제정의지수의 결과들과 자기자본이익률, 주가수익률과 같은 기업의 경제적 성과간의 관계를 실증분석하여 경제정의지수에 대한 특성과 문제점을 파악하고 이를 토대로 본 평가모형의 개선방향에 대해 논하고 국내기업들의 사회적 책임활동의 현황과 문제점에 대해 살펴보았다.

연구 결과, 이번 기의 사회적 성과와 다음 기의 경제적 성과간의 관계에 있어서는 경제정의지수 10회 이전인 1991년부터 1999년까지의 결과는 대체로 두 변수들 사이에 부(-)의 관계가 있는 것으로 나와 국내 기업들에 있어서는 이번 기의 사회적 성과가 높을수록 다음 기의 경제적 성과가 낮은 것으로 나타났다. 그러나 경제정의지수 10회인 2000년부터의 결과는 이와 반대로 두 변수들 사이에 정(+)의 관계를 보임으로써 이번 기의 사회적 성과가 높은 기업이 다음 기에 경제적 성과 또한 높아짐을 알 수 있었다. 이러한 결과는 본 연구가설과 일치하는 결과였다. 특히, 기업경영활동의 공정성과 투명성을 평가하는 공정성 항목과 교육훈련비와 교육훈련비 증가율, 임금보상체계, 기업의 복지 후생관련 부분을 평가하고 있는 종업원 항목은 다음 기의 경제적 성과들과 정(+)의 관계를 나타냄으로 인해서 본 연구가설을 지지한 반면에 기업의 건전한 경영활동의 내용을 평가하기 위한 건전성 항목과 대기업들의 적극적인 사회복지 참여노력을 평가한 사회봉사 항목, 그리고 기업의 환경개선노력과 환경개선의 결과를 평가하는 환경보호 항목, 소비자보호와 소비자의 만족도를 높이기 위한 기업의 활동과 사내 이해관계자 집단인 종업원의 복지 향상을 위한소비자 항목은 다음 기의 경제적 성과와 대체로 부(-)의 관계를 갖는 것으로 나타났다.

다음으로 이번 기의 경제적 성과가 다음 기의 사회적 성과에 미치는 영향을 분석한 결과에서는 두 변수 사이에 정(+)의 관계가 있는 것으로 나타났으며 이러한 결과는 대체로 유의한 결과였다.

하지만 연도별 분석에서 한국기업들의 사회적 책임활동에 대한 평가점수는 거시적인 한국 경제의 상황에 따라 등락을 보임에 따라 기업의 사회적 책임활동이 아직까지는 한국 기업들에게 있어서 지속가능한 경영을 위한 경영전략으로서의 역할은 하지 못하는 것으로 분석되어졌다.

본 연구결과는 향후 한국 기업들에게 지속가능한 경영활동을 위해서 기업의 사회적 책임활동이 얼마나 중요한지에 대한 인식을 제고시키며 기업의 경영전략으로서 기업의 사회적 책임활동을 어떻게 활용해야 하는가에 대한 방향을 제시할 수 있을 것이다.

또한 본 연구는 경제정의연구소의 경제정의지수(KEJI Index) 평가모형의 축적된 평가결과들을 바탕으로 실증분석하였기 때문에, 경제정의지수에 대한 인지도를 높이고, 기존의 평가방식에 있어서의 문제점을 지속적으로 보완하여 향후 국내기업들에 대한 효율적이고 합리적인 사회적 성과 측정을 하는 데에 도움을 줄 것으로 기대되어진다.

참고문헌

강영철(1996), "기업의 사회적 책임 논의", 『현상과 인식』, 제20권 제3호.

강철규(1999), "경쟁력과 기업지배구조: 국제비교와 평가", 『산업조직연구』, 제7권 제2호.

박경서, 이은정(2004), "기업지배구조가 기업가치에 미치는 영향에 있어 일반기업과 금융기관 간 비교연구", 『금융연구』, 제18권 제2호, 한국금융연구원, pp.129-155.

박헌준, 이종건, 김범성(2001), "왜 기업은 윤리적이어야 하는가? 기업윤리와 기업성과", 『기업윤리연구』, 제3권, 한국기업윤리학회, pp.115-138.

윤봉한·오재영(2005), "기업지배구조와 기업성과 및 기업가치: 한국 상장기업에 대한 실증연구", 『증권학회지』, 제34권 제1호, 한국증권학회, pp.227-263.

이우광(1997), "기업의 사회적 책임, 현황과 과제", 삼성경제연구소.

임웅기(1997), "10대 재벌기업의 소유구조와 가족지배형태", 한국재무 학회 추계특별 심포지움 발표논문.

조동성·김주태(2003), "기업지배구조 연구의 한계와 전망", 한국전략 경영학회 하계통합학술대회 발표논문집.

조성욱(2000), "기업지배구조와 수익성에 관한 연구", 『한국경제의 분석』, 제6권.

Aupperle, K. E.(1984), "An empirical measure of corporate social orientation," *Research in Corporate Social Performance and Policy*, Vol.6, pp.27-54.

Black, Bernard(2001), "The Corporate Governance Behavior and Market Value of Russian Firms," *Emerging Market Review*, Vol.2, pp.89 −108.

Drobetz, Schillhofer, Zimmermann(2004), "Corporate Governance and Expected Stock Return: Evidence from Germany," *European Financial Management*, Vol.10, No.2, pp.267−293.

Durnev, A. and E. Han Kim(2005), "To Steal or Not to Steal: Firm Attributes, Legal Environment, and Valuation," *Journal of Finance,* Vol.60, No.3, pp.1461−1493.

Edmondson, V. C., and Carroll, B.(1999), "Giving Back: An Examination of the Philanthropic Motivations, Orientations and Activities of Large Black−Owned Businesses," *Journa of Business Ethics*, Vol.19, No.2, pp.171−179.

Ells, R. Walton, C.(1961), 『Conceptual Foundations of Business』, Home −wood, Richard D. Irwin.

Frederick, W.(1994), "From CSR 1 to CSR 2: the Maturing of Business and Society Thought," *Business & Society*, Vol.33, No.2, pp.150 −166.

Gompers, P., Ishii, L., and Metrick, A.(2003), "Corporate Governance and Equity Prices," *Quarterly Journal of Economics*, Vol.118, No.1.

Matter, D. and Crane.(2005), "Corporate Citizenship: Toward an Extended Theoretical Conceptualization," *Academy of Management Review*, Vol.30, No.1, pp.166−179.

McGuire, J. W.(1993), 『Business and Society』, New York, Mcgraw−Hill.

Pastin, M., "The CEO's Role in Managing a Corporate Compliance Program," Bethesda: MD Business Media Associates, 1998.

Pinkston, T. S. and Carroll, B.(1996), "A Retrospective Examination of CSR Orientations: Have They Changed?" *Journal of Business Ethics*, Vol.15, No.2, pp.199−206.

Sethi, S. P.(1979), "A Conceptual Framework for Environmental Analysis: Social Issue and Evaluation of Business Response Patterns," *Academy of Management Review*, Vol.4, No.1, pp.63 − 73.

Shleifer, A. and Vishny, W. R.(1997), "A Survey of Corporate Governance," *The Journal of Finance*, Vol.52, No.2, p.737.

Waddock, S. E. and S. B. Graves(1997), "The Corporate Social Performance − Financial Performance Link," *Strategic Management Journal*, Vol.18, No.4, pp.303 − 319.

Wood, D.(1991), "Corporate Social Performance Revisited," *Academy of Management Review*, Vol.16, No.4, pp.691 − 718.

박상안   중앙대학교 경영학 박사

김 헌   백석대학교 경상학부 교수
          연세대학교 경영학 박사
          기술혁신, 기술경영

임효창   현 서울여자대학교 경영학과 교수
          서강대학교 경영학과 졸업(경영학사)
          서강대학교 대학원 경영학 석사, 경영학 박사
          백석대학교 경상학부 교수
          경실련 경제정의연구소 기업평가위원
          휴먼노사전략경영연구소 소장
          한국인사조직학회, 한국인사관리학회, 대한경영학회
          한국인적자원개발학회, 산학경영학회 등의 학회 임원 및 회원

홍길표   현 백석대학교 경상학부 교수
          서울대학교 경영학 박사

경제정의지수를 통해 살펴본 기업의 사회적 성과와 경제적 성과간의 관계

- 초판 인쇄   2008년 8월 10일
- 초판 발행   2008년 8월 10일

- 지 은 이   박상안 · 김헌 · 임효창 · 홍길표
- 펴 낸 이   채종준
- 펴 낸 곳   한국학술정보㈜
            경기도 파주시 교하읍 문발리 513-5
            파주출판문화정보산업단지
            전화 031) 908-3181(대표) · 팩스 031) 908-3189
            홈페이지 http://www.kstudy.com
            e-mail(출판사업부) publish@kstudy.com
- 등   록
- 가   격   26,000원

ISBN   978-89-534-9902-7 93320 (Paper Book)
        978-89-534-9903-4 98320 (e-Book)